ワーキングメモリが
《ぐんぐんのびる》が
ワークシート

学習の基礎をつくる
記憶機能トレーニング

湯澤正通
広島大学大学院人間社会科学研究科教授

合同出版

はじめに

　「ワーキングメモリ」とは、目や耳から入ってくる情報を脳に一時的に記録して、同時にそれを使って考えるなどの働きをする機能のことです。ワーキングメモリに弱さがあると、読み書きが苦手、計算ができない、授業で先生の指示をすぐに忘れてしまうなど、学習する際にさまざまな問題が生じます。

　ワーキングメモリは情報を書き込む「脳の黒板」に例えることができます。しかし、実際の黒板との大きな違いは、脳の黒板の情報は、注意を向けていないとすぐに消えてしまうことです。

　「野原から虫の声が聞こえる」という文を読むとき、「聞こえる」まで読んだところで、前の「野原から虫の声が」という情報が脳の黒板から消えてしまうと、「何が、どこから聞こえるのか」わからなくなってしまいます。

　「3＋4」の計算をしたときに、3に1加えて、2を加えた段階で、「＋4」の情報が脳の黒板から消えてしまうと、あといくつ加えたらよいのかわからなくなってしまいます。また授業中、ふと窓の外を見てそちらに意識が向いてしまうと、先生が指示したことが脳の黒板から一瞬で消えてしまい、何をしなくてはいけないのかわからなくなってしまいます。

　では、脳の黒板から情報を消えにくくするにはどうしたらよいのでしょうか。例えば、「りんご、とけい、きつね、くすり」という言葉を覚える場合と「りんば、ときい、ろつね、くほり」という言葉を覚えるのとではどちらが簡単でしょうか。おそらく、前者のよく知っている言葉のリストの方が、後者の無意味語のリストよりも覚えやすいはずです。なぜなら、前者の言葉の意味は、脳の長期記憶（ほぼ永

久的に覚えていられる記憶）に蓄えられているからです。

　では、「りんば、ときい」などの無意味語のリストと「might, although, despite, expense」のような英単語のリストではどうでしょうか。おそらく、英単語のリストよりも、日本語の無意味語のリストの方が覚えやすいはずです。なぜなら、日本人の子どもは、無意味語であっても、日本語の音の知識（「り」「と」などの1音の知識、「りん」「とき」などの2音の知識）を長期記憶に蓄えているからです。この長期記憶に蓄えられる知識が、ワーキングメモリの働きを支えているのです。

　小学校1年生から中学校3年生くらいまで、脳の黒板はどんどん大きくなり、より多くの情報を記憶し、考えることができるようになります。それは日々の学習を通して長期記憶に蓄えられた膨大な知識が、ワーキングメモリの働きを支えていくことができるようになるためです。

　ワーキングメモリに弱さがあり、学習上の問題を抱えている場合、ワーキングメモリの働きを支えるための知識を、脳の長期記憶に蓄えていくトレーニングがひとつの解決法です。本書には、長期記憶の容量を大きくするためのワークが多数掲載されています。

　教室で知識を獲得することは大切ですが、多様な個性の子どもがいる教室には、一斉に勉強することには向かない子どももいます。そのような場合、知識の獲得が遅れ、ワーキングメモリの働きが弱くなってしまうことがあります。本書のワークを通じて、「読み・書き・算数」の基礎となる知識を獲得し、ワーキングメモリの働きを高めていってくれたら幸いです。

湯澤正通

もくじ

Part 1 【言語編❶〜⓯】 言葉の記憶機能を高めるワーク

Part 2 【視空間編❶〜⓲】 視空間の記憶機能を高めるワーク

1 ワーキングメモリって何？

ワーキングメモリとボトルネック

目や耳から入ってくる情報は、一時的に「脳の黒板」であるワーキングメモリに書き留められます。ワーキングメモリは、限られた時間、情報を保持しながら、同時に考えるなどの脳の働きを促します。

脳の黒板は、年齢や個人によって容量が限られているので、一度に覚えながら処理できる情報の量には限界があります。子どもの容量は小さく、加齢とともに大きくなっていきます。

ワーキングメモリのしくみはビンの口の大きさに例えられます。「ボトルネック」といわれ、ビンの口はビンによって、広かったり、狭かったりします。ビンの口が広いとたくさん液体が入るように、脳の入り口が大きいとたくさんの情報が入ります（図①）。

図① ワーキングメモリはボトルネックと呼ばれている

ビンの口（＝脳の入り口）が小さいと、脳に情報が入りにくく、学習に遅れが生じる。

ビンの入り口が狭いとどうなるか、想像してみてください。水を無理に入れようとしても、口で水があふれだし、中にほとんど入らないということになります。同じ年齢の子どもであっても、脳の入り口が大きい子どもと小さい子どもがいます。同じ授業を受けていても、脳の入り口、つまりワーキングメモリの大きい子どもは、情報がスムーズに脳の中に入るので学習がどんどん進みます。しかし、脳の入り口、つまりワーキングメモリの小さい子どもは、情報がなかなか脳の中に入らず、学習が遅れがちです。

　脳の入り口が小さいという典型的な事例が、発達障害の子どもたちです。限局性学習症や注意欠如・多動症の子どもの中には、ワーキングメモリの特定の部分が、定型発達の子どもたちに比べて、極端に弱い子どもがいます。そのような子どもたちは、音声情報や視空間情報（8ページ参照）の記憶や処理がうまくできません。そのため、これらの情報の認知プロセスに支えられている「読み書き」や「計算」の学習が困難になります。

ワーキングメモリと実行機能

　ワーキングメモリは、「実行機能」の一部です。実行機能とは、思考と行動を制御するプロセスで、脳の前頭葉の働きと関連します。実行機能には、「切り替え」「抑制」「更新」の3つの要素があり、この3つの要素は相互に密接に関連しています。ワーキングメモリは、このうち「更新」に相当します。

実行機能3つの要素

❶切り替え（shifting）：
　課題や状況に合わせて、気持ちや思考を切り替える働きです。例えば、学校での休み時間が終わったら、遊びをやめ、次の授業の準備に取りかかるために、頭や気持ちを切り替える必要があります。切り替えができないと、休み時間が終わっても遊び続けてしまいます。授業中でも、教師の指示に応じて、新たな課題に切り替えることができないと、授業についていくことができません。

❷抑制（inhibition）：
　目標を達成する上で、関係のない事象や習慣的に行っていることを我慢する働きです。例えば、授業が始まったら、教室の窓から聞こえる鳥の鳴き声に耳を傾けることをやめたり、昨日見たテレビアニメについて思いだすことを中断

したりします。お腹がすいても我慢する必要があります。我慢ができないと、気が散って、授業に集中することができません。

❸更新（updating）：

　目や耳から入ってくる情報を受け取って、新しい情報を古い情報と置き換え、更新する働きです。この更新の働きがワーキングメモリに対応し、これによって授業中、教師の指示や活動内容に応じて、脳の黒板の情報を絶えず書き換え、新しい活動ができるのです。

　❶切り替えと❷抑制は、学習を始めるための前提のようなものです。❶と❷ができて初めて学習が成立し、❸のワーキングメモリが働き始めます。ワーキングメモリが授業の最初から最後まで働くと、子どもは、授業を理解し、知識を習得します。ワーキングメモリの働きを支える「言葉」や「視空間」の知識を長期記憶に蓄積することができるようになると、ワーキングメモリが大きくなり、より授業がわかるようになります。

　授業がわかる➡知識が脳の長期記憶に蓄積する➡ワーキングメモリが大きくなる➡授業がよりわかりやすくなる、という好循環が生じるようになります。

　このワーキングメモリの発達の好循環を促すことが、この本のトレーニングのねらいです。

言語性ワーキングメモリと視空間性ワーキングメモリ

　ワーキングメモリで取り扱う情報には、2種類あります。言葉や数などの「**音声情報**」と位置や形などの「**視空間情報**」です。

　音声情報は、脳の左側にある言語的短期記憶に保持されます。一方、視空間情報は、脳の右側の視空間的短期記憶に保持されます。

　図②を見てください。額の裏側あたりの前頭葉に、実行機能の働きを担う箇所があり、ここを中央実行系と呼んでいます。

　ワーキングメモリは、「短い時間、脳の中で情報を保持し、同時に処理する働き」で、短期記憶は情報を保持し、中央実行系は情報を処理します。

　言語的短期記憶に保持された音声情報を中央実行系で処理する働きのことを、言語性

ワーキングメモリと呼びます。一方、視空間的短期記憶に保持された視空間情報を中央実行系で処理する働きを、視空間性ワーキングメモリと呼びます。

　図②は、脳内のこれらの関係を示したものです。

図②　ワーキングメモリのモデル

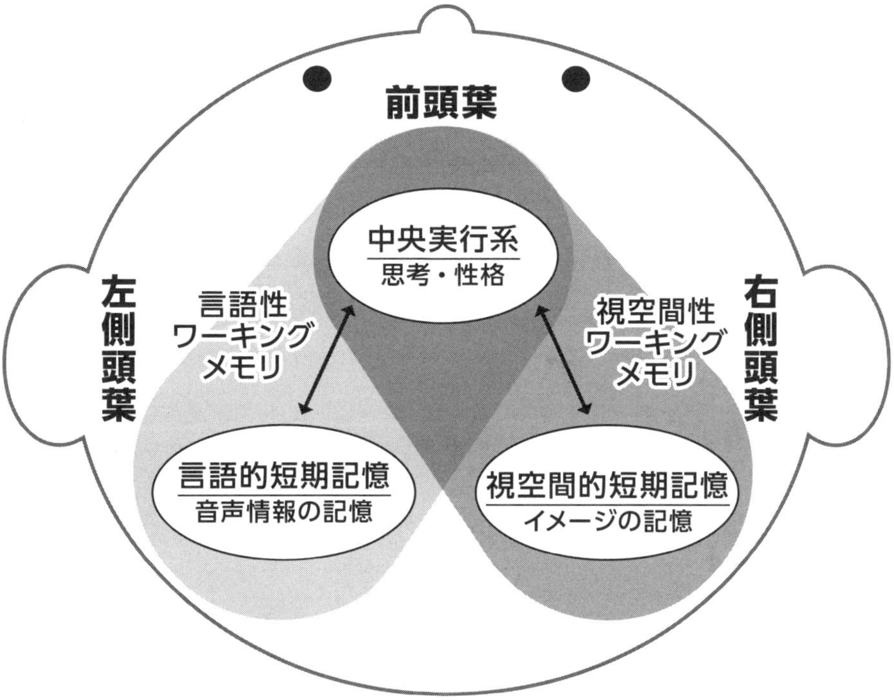

中央実行系
思考・性格

左側頭葉

右側頭葉

前頭葉

言語性
ワーキング
メモリ

視空間性
ワーキング
メモリ

言語的短期記憶
音声情報の記憶

視空間的短期記憶
イメージの記憶

2 ワーキングメモリ・アセスメント

知能テスト「WISC-IV」

　ワーキングメモリは、テストによって測定することができます。よく使用されるのが発達検査に用いられる知能テスト「WISC-IV（ウィスク・フォー）」（第4版）です（2021年に第5版が発行されました）。ワーキングメモリが知能テストに含まれるということは、ワーキングメモリが人間の知的能力の重要な側面であることを示しています。

　WISC-IVのWM（ワーキングメモリ）指標の課題には、「数唱（順唱、逆唱）」と「語音整列」があります。ここでは数唱（順唱・逆唱）の課題について説明します。

　順唱の課題では、検査者が子どもにランダムな順に数を読み上げます。子どもは、聞いた順番通りに数を復唱します。子どもの聞いた音声は、図③の左の図のように、ワーキングメモリに記憶されます。検査者が5つの数を読み上げ、その音声情報を子どもが「脳の黒板」に記憶できなければ、課題に失敗します。脳の黒板に、4つしか音声情報を記憶できなければ、得点は4になります。順唱は、音声情報の単純な記憶なので、言語的短期記憶の課題です。

　他方、逆唱の課題では、子どもは、検査者が読み上げた数を逆順に復唱します。図③

図③　順唱（左）、逆唱（右）の課題

の右の図のように、子どもは、聞いた音声をワーキングメモリに記憶しておく必要があります。同時に、逆の順番にするとどうなるか、考えなければなりません。逆唱は音声情報を記憶しながら同時に考えるので、言語性ワーキングメモリの課題です。

広島大学 WM コンピュータ評定プログラム

　WISC-IV の WM 指標には、音声情報を取り扱う言語的短期記憶と言語性ワーキングメモリの課題しかなく、視空間的短期記憶と視空間性ワーキングメモリは測定できません。そこで筆者らは、広島大学 WM コンピュータ評定プログラム（HUCRoW ／フクロウ）を開発し、表①の 8 つの課題を考案しました。

　2 つの領域（言語領域、視空間領域）× 2 つの領域（短期記憶、ワーキングメモリ）にそれぞれ課題が 2 つずつ、合計 8 種類の課題が設定されています（表①）。

　HUCRoW は、オンラインで実施するものです。保護者や支援者がコンピュータの準備を行い、その後、子どもがコンピュータからの指示にしたがいながら、マウスまたはタッチパネルで回答し、自分のペースで課題を進めていきます。コンピュータゲームのように行うため、子どもが集中しやすく、また、検査者に特別な資格がなくてもアセスメントを行えることが利点です。1 課題あたり 10 分程度かかるので、8 課題行うのに 1 時間 20 分を要します。そのため、2 ～ 3 回に分けて行います。

　現在、ワーキングメモリ教育推進協会に運営を委託しているため有料ですが、興味のある方は、以下のウェブページにアクセスしてください。

https://www.ewmo.or.jp/

表①　広島大学 WM コンピュータ評定プログラム（HUCRoW）8 課題

（湯澤ほか、2019）

	言語	視空間
短期記憶	数を覚え、順に思いだそう	線の位置を覚え、順に思いだそう
	言葉を覚え、順に思いだそう	形を覚え、順に思いだそう
ワーキングメモリ	文の正誤を考えながら、文頭の言葉を覚え、順に思いだそう	線の長さを比べながら、線の位置を覚え、順に思いだそう
	数を覚え、逆順に思いだそう	形を比べながら、形を覚え、順に思いだそう

❸ トレーニングの構成

この本は、言葉の音声情報の記憶と処理のトレーニングを行うことで、言語的知識の獲得を促す「言語編」と、視空間情報の記憶と処理のトレーニングを行うことで、文字や数量などの知識の獲得を促す「視空間編」のワークで構成されています。言語編は15ユニット、視空間編は18ユニットに分かれています。

■対象年齢：幼児期から児童期前半

いずれも、幼児期から児童期前半にかけて、幼稚園・保育園・小学校などで、段階的に経験する言葉の音声情報と視空間情報を、意識的に記憶・処理するトレーニングを配列しています。

子どもがどの段階でつまずいているかがわかれば、その段階から開始してください。つまずきの段階がよくわからない場合は、1のユニットから順番に行い、できるワークシートのユニットは最初の数枚で飛ばしてもかまいません。時間のかかるユニットのワークシートは、すらすらできるようになるまで繰り返し行います。

■支援者と一人あるいは数人の子どもで

本書では、支援者（教師、保護者、放課後デイなどの指導者）が一人または数人の子どもを相手に実施するようにワークシートが作られています。ワークシートには、「支援者用シート」と「こどもようシート」があります。支援者は、各ユニットのワークシートを実施するにあたって、まず本編の該当箇所に目を通して、ねらい、やり方、ポイントを理解してください。

4 この本の使い方

「支援者用シート」と「こどもようシート」

　支援者は、「支援者用シート」を持ち、子どもの前に「こどもようシート」を置きます。「支援者用シート」には例題と問題が記載されています。ゆっくりと読み上げて、子どもにやり方を説明します。ユニットにより、「支援者用シート」のみ、または「こどもようシート」のみの場合があります。

●支援者用シート

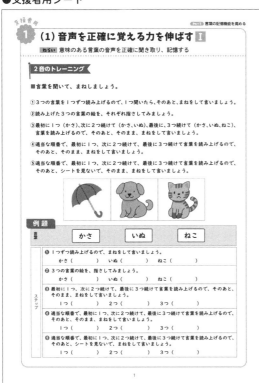

●こどもようシート

■シートの枚数

Part 1「言語編」は 170 枚、Part 2「視空間編」は 349 枚あります。付録 CD あるいは 15 ページの QR コードからシートをプリントアウトして使ってください。

■スモールステップで繰り返し行う

言語編 15 ユニット、視空間編 18 ユニットの課題がありますが、子どもにとって得意不得意があります。つまずく課題が見つかったら、その課題を繰り返し行って、クリアしていきます。

■支援者のために

ねらい・やり方・ポイント・かいせつがそれぞれのユニットに掲載されています。参考にしてください。

■トレーニング一覧

各ユニットの最後に、ワークシートの内訳を掲載しています。

5 ワークシートについて

付録 CD と専用サイト

　本書の付録 CD に収録されているワークシートはすべて PDF 形式になっています。下記の使い方を参考にご利用ください。

■ CD の使い方

①本製品は CD-ROM です。

②データを開くには、Adobe® Reader®（無償）など、PDF の読み取りソフトが必要です。お使いのパソコンにダウンロードの上、ディスクを読み込んでください。

③ワークシートは PDF 形式で、「part1_gengohen」と「part2_shikuukanhen」の 2 つのフォルダに入っています。

■専用サイトからのダウンロード手順

①お使いの端末で、下記の QR コードを読み取るか、専用サイトにアクセスしてください。

 　https://www.godo-shuppan.co.jp/book/b612119.html

②内容・目次・著者情報の欄の下にある「関連記事」から、ワークシートのダウンロードページを開きます。

ダウンロードページは、「言語編 unit1 〜 10」「言語編 unit11 〜 15」「視空間編 unit1 〜 10」「視空間編 unit11 〜 18」の 4 つに分かれています（すべて①〜⑤の同じ手順でダウンロードすることができます）。

関連記事

- ワーキングメモリがぐんぐんのびるワークシート【言語編unit1〜10】
- ワーキングメモリがぐんぐんのびるワークシート【言語編unit11〜15】
- ワーキングメモリがぐんぐんのびるワークシート【視空間編unit1〜10】
- ワーキングメモリがぐんぐんのびるワークシート【視空間編unit11〜18】

③ダウンロードページを開いたら、画面下部にあるバナーをクリックします。

【言語編ワークシート】
unit1〜10
ダウンロードはこちら

④お使いの端末に zip ファイルがダウンロードされます。

⑤パスワード【wm519】を入力して zip ファイルを解凍します。ワークシートは PDF 形式で保存されています。

ダウンロードに不具合がございましたら、編集部（info@godo-shuppan.co.jp）までお知らせください。下記 QR コードを読み取ると、自動でメールの作成画面が開きます。

■ご利用上の注意

- データのダウンロード、プリントアウトはご自由に行っていただけます。
- 著作権は著作者ならびに合同出版株式会社に帰属します。無断の転載・改変は著作権侵害となります。

Part1 言語編 ❶〜⓯

の記憶機能を高める
ワーク

音声を正確に覚える力を伸ばす Ⅰ

　意味のある言葉の音声を正確に聞き取り、ワーキングメモリに記憶する力を伸ばします。

見本

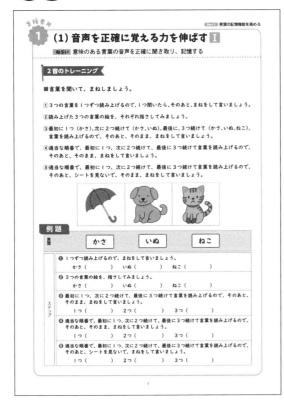

やり方

❶支援者は、「こどもようシート」を子どもの前に置きます。

❷支援者は「支援者用シート」を見ながら、3つの言葉（かさ、いぬ、ねこ）を、左から1つずつ子どもに読み上げ、子どもに同じように声を出してまね（反復）するように伝えます。できたら、「支援者用シート」の（　）に○をつけ、褒めます。

❸支援者は、3つの言葉を、左から1つずつ子どもに読み上げ、子どもに反復させた後、対応する絵を指さすように伝えます。できたら、（　）に○をつけ、褒めます。

❹支援者は、最初に1つだけ、次に2つ続けて、最後に3つ続けて、左から言葉を順番に読み上げ、子どもに同じように反復させます。できなくても構いません。できた個数の欄に○をつけ、褒めます。

❺支援者は、3つの言葉のうち適当に選んで、最初は1つだけ、次に2つ続けて、最後に3つ続けて、順番に読み上げ、子どもに同じように反復させます。できなくても構いません。できた個数の欄に○をつけ、褒めます。

❻次に「こどもようシート」を子どもに見せずに、❹～❺のトレーニングを繰り返します。

ポイント

●課題にあげた3つの言葉は、2音から5音の言葉まであります。「かさ」は2音、「かえる」は3音です。俳句の「五・七・五」、短歌の「五・七・五・七・七」などは音の数を数えたものです。音の数が多い言葉や、知らない言葉の場合は、子どもが正確に反復するのが難しくなります。

●支援者は、シートの言葉を読み上げるとき、視線を言葉の文字に向けて、1音ずつゆっくり、はっきりした声で読み上げます。その後、子どもを見て「まねしてください」と指示します。子どもが正しく反復できたときには、褒めます。

●子どもが反復に失敗したときは、言葉をゆっくりと、大きく口を開けて発音し、抑揚やリズムをつけて、再度まねするように促します。子どもには、支援者の口を見てまねするように伝えます。

かいせつ

●音声を聞いて、正確に反復するためには、その音声をワーキングメモリに正確に保持（記憶）する必要があります。逆に、正確に保持することができなければ、反復することはできません。知っている言葉は、１つの意味のかたまりとして認識できるため、複数の言葉でも反復しやすくなります。しかし、例えば「チョコレート」のように長い言葉は、１語として聞きとるまで、途中の音（「チョ」「コ」「レ」「ー」の４つ）を覚えておく必要があるため、記憶に負荷がかかり、反復しにくくなります。知らない言葉も同様に、反復が難しくなります（❹参照）。

●子どもが反復できないときは、言葉に抑揚やリズムをつけて発音したり、身振りや動作を加えたりして、音にまとまりを持たせましょう。また、言葉の絵を示すと、子どもが持っている知識（長期記憶）から言葉を理解できるため、反復しやすくなります。

トレーニング一覧

❶ 音声を正確に覚える力を伸ばす Ⅰ	
支援者用シート（5枚）	**こどもようシート（5枚）**
（1）　例題	（1）　れいだい
（2）　2音のトレーニング問題1〜2	（2）　2おんのトレーニング もんだい1〜2
（3）　3音のトレーニング問題3〜4	（3）　3おんのトレーニング もんだい3〜4
（4）　4音のトレーニング問題5〜6	（4）　4おんのトレーニング もんだい5〜6
（5）　5音のトレーニング問題7〜8	（5）　5おんのトレーニング もんだい7〜8

言葉を１音、１語ずつ 正確に聞く力を伸ばす（早口言葉）

 まぎらわしい言葉の音声を正確に聞き取り、ワーキングメモリに記憶し、反復する力を伸ばします。

見本

支援者用のみ

Part 1 言葉の記憶機能を高める

② （1）言葉を１音、１語ずつ正確に聞く力を伸ばす

ねらい 似た音の言葉の音声を正確に聞き取り、記憶し、まねをする

早口言葉の聞き取りトレーニング

■似た音を聞き取りましょう。

①これから早口言葉を言います。よく聞きましょう。

②聞き終わったら、まねをして、できるだけ早く、正しく言いましょう。

③正しく言うことができたら、１回目より早く、言ってみましょう。

問題1	1回目 できたら〇 それ以外△	2回目 より早く できたら〇
❶ なまむぎ　なまごめ　なまたまご		
❷ あかかまきり　きかまきり あおかまきり		
❸ たけがきに　たけたてかけた		
❹ このくぎは　ひきぬきにくい　くぎだ		
❺ すももも　ももも　もものうち ももも　すももも　もものうち		

11

❶支援者は、「支援者用シート」を見ながら、言葉を読み上げます。子どもには、シートを見せずに支援者の声に耳を傾けるように促します。

❷支援者は、早口言葉を１つずつ読み上げ、子どもに同じように、声を出してまね（反復）するように指示します。

❸子どもが正確に反復できたら、シートの１回目の欄に○をつけ、褒めます。その後、次の早口言葉に進みます。

❹反復中に止まったり、言葉を間違えたときには、シートの１回目欄に△をつけます。「よく聞いてね」と言い、再度読み上げ、子どもに反復するように指示します。

❺何度か行い、反復がより早くできたら、シートの２回目の欄に○をつけ、褒めます。

❻何度か反復を行っても、止まったり、言葉を間違えたりしたときは、「難しかったけれど、がんばったね」など、がんばったことを褒め、次に進みます。

ポイント

●支援者は、「支援者用シート」の早口言葉を読み上げるとき、テンポよく、はっきりした声で読み上げます。その後、子どもを見て、「はい」と言って合図します。

●子どもが正しく反復できたときには、褒めます。

●子どもが反復に失敗したときは、１回目よりもゆっくりと、大きく口を開けて発音し、再度、まねするように促します。

●子どもが反復中に詰まったところや、言い間違えたところ、また、単語の区切り目ではないところで言葉を切っている様子があれば、ワークシートにメモをしましょう。

●一緒に言葉遊びをしているように、楽しい雰囲気をつくりましょう。

かいせつ

●早口言葉は、聞こえ方が似ている言葉の組み合わせでできています。音が似ている言葉は、記憶しにくく（音韻的類似性効果）、言葉の区切り目がわからなかったりしますので、その言葉を知らないと、正確に反復するのが難しくなります。

●子どもが反復できないときは、言葉に抑揚やリズムをつけて発音したり、身振りや動作を加えたりして、音にまとまりを持たせましょう。また、意味を認識させると、子どもが持っている知識（長期記憶）から言葉を理解できるため、反復しやすくなります。

トレーニング一覧

❷ 言葉を1音、1語ずつ正確に聞く力を伸ばす	
支援者用シート（5枚）	**こどもようシート**
（1） 早口言葉の聞き取りトレーニング 問題1	
（2） 早口言葉の聞き取りトレーニング 問題2	
（3） 早口言葉の聞き取りトレーニング 問題3	
（4） 早口言葉の聞き取りトレーニング 問題4	
（5） 早口言葉の聞き取りトレーニング 問題5	

3 音声を組み合わせる力を伸ばす

 意味のある言葉の音声を組み合わせて、ワーキングメモリ内で処理する力を伸ばします。

見本

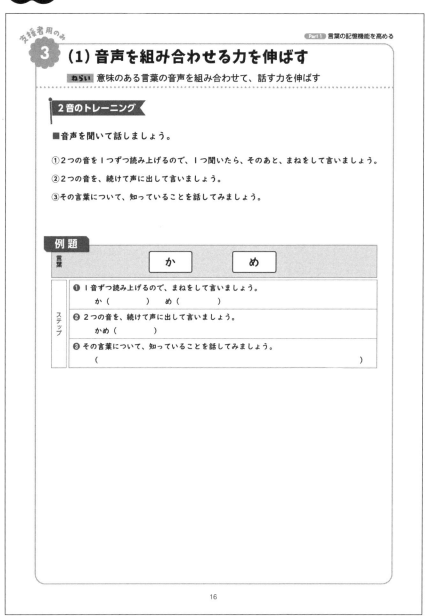

支援者用のみ

3 （1）音声を組み合わせる力を伸ばす

ねらい 意味のある言葉の音声を組み合わせて、話す力を伸ばす

2音のトレーニング

■音声を聞いて話しましょう。

①2つの音を1つずつ読み上げるので、1つ聞いたら、そのあと、まねをして言いましょう。

②2つの音を、続けて声に出して言いましょう。

③その言葉について、知っていることを話してみましょう。

例題

言葉	か	め

ステップ	❶ 1音ずつ読み上げるので、まねをして言いましょう。 　　か（　　　　）　め（　　　　）
	❷ 2つの音を、続けて声に出して言いましょう。 　　かめ（　　　　）
	❸ その言葉について、知っていることを話してみましょう。 　　（　　　　　　　　　　　　　　　　　　　　）

16

やり方

❶支援者は、「支援者用シート」を見ながら、言葉を読み上げます。子どもには、シートを見せずに支援者の声に耳を傾けるように促します。

❷支援者は、2音から5音までの言葉を、1音ずつ読み上げます。そのとき、1音ずつまねをするように、子どもに伝えます。例えば「かめ」の場合は、支援者が「か」と読み上げたら、子どもに「か」と反復させ、次に、支援者が「め」と読み上げたら、子どもに「め」と反復させます。子どもが反復できたら、シートに○をつけ、褒めます。

❸次に、2つの音を続けて「かめ」と発音するように、子どもに伝えます。

❹「その言葉について知っていることを話してみてください」と子どもに伝えます。できたら、シートに○をつけ、褒めます。

ポイント

●支援者は、シートの言葉を読み上げるとき、1音ずつゆっくり、はっきりした声で読み上げます。その後、子どもを見て、「まねしてみましょう」と言います。子どもが正しく反復できたときには、褒めます。

●子どもが反復に失敗したときは、言葉をゆっくりと、大きく口を開けて発音し、抑揚やリズムをつけて、再度、まねするように促します。そのとき、子どもに、支援者の口を見てまねするように伝えます。

●音を聞いて、正確に反復するためには、その音をワーキングメモリに正確に保持（記憶）する必要があります。さらに、その音が組み合わさると、言葉（単語）になることを理解させます。このように言葉を理解するためには、1つひとつの音を保持することと、音を組み合わせる処理を、ワーキングメモリ内で行う必要があります。また、言葉を説明するためには、その言葉について持っている知識を長期記憶から思い起こす必要があります。

トレーニング一覧

❸ 音声を組み合わせる力を伸ばす	
支援者用シート（5枚）	こどもようシート
（1）　例題	
（2）　2音のトレーニング 問題1〜3	
（3）　3音のトレーニング 問題4〜6	
（4）　4音のトレーニング 問題7〜9	
（5）　5音のトレーニング 問題10〜12	

音声を正確に覚える力を伸ばす Ⅱ（非単語）

 意味のない言葉（無意味語、非単語）の音声を正確に聞き取り、ワーキングメモリに記憶する力を伸ばします。

見本

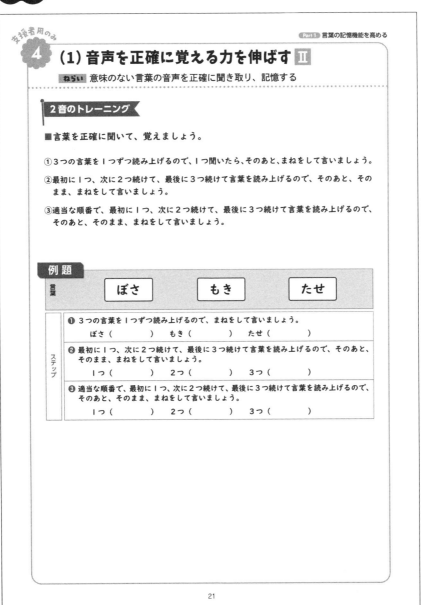

❶支援者は３つの言葉を、左から１つずつ子どもに読み上げ、同じように声を出してまね（反復）するように指示します。できたら「支援者用シート」に○をつけ、褒めます。

❷支援者は、最初に１つだけ、次に２つ続けて、最後に３つ続けて左から言葉を順番に読み上げ、子どもに同じように反復させます。できなくても構いません。できた個数の欄に○をつけ、褒めます。

❸支援者は、３つの言葉のうち適当に選んで、最初に１つだけ、次に２つ続けて、最後に３つ続けて順番に読み上げ、子どもに同じように反復させます。できなくても構いません。できた個数の欄に○をつけ、褒めます。

ポイント

●このトレーニングは、「音声を正確に覚える力を伸ばす Ⅰ」を発展させたトレーニングです。上記のトレーニングと同様に、３つの言葉は、２音から５音までの言葉があります。音の数が多いほど、子どもが正確に反復するのが難しくなります。無意味語（非単語）は、実在しない、意味のない言葉の並びです。そのため、言葉を正確に覚えて反復することが難しくなります。

●支援者は、シートの言葉を読み上げるとき、１音ずつゆっくり、はっきりした声で読み上げます。その後、子どもを見て「まねしてみましょう」と指示します。無意味語はとくに聞き取りにくいため、ゆっくり、はっきり読み上げることを意識します。

●子どもが興味を持ちづらく、難易度も高いので、子どもが正しく反復できたときには褒めましょう。子どもが反復に失敗したときは、ゆっくりと、大きく口を開けて言葉を発音し、抑揚やリズムをつけて、再度まねするように促します。そのとき、子どもに、支援者の口を見てまねするように伝えます。

かいせつ

●音声を聞いて、正確に反復するためには、その音声を、ワーキングメモリに正確に保持（記憶）する必要があります。知っている言葉（有意味語）は、1つの意味のかたまりとして認識できるため、複数の言葉でも、知識（長期記憶）を活用することで、反復しやすくなるのです。

●知らない言葉（無意味語）は1つの意味のかたまりとして認識されないため、それぞれの音を覚えておく必要があります。つまり、持っている知識を活用することができないため、記憶（ワーキングメモリ）にかかる負荷が大きくなり、反復することが難しくなるのです。子どもが知らない言葉を覚えて語彙を増やしていく際、非単語を反復する力が語彙の増加に効果を発揮することがわかっています。

トレーニング一覧

④ 音声を正確に覚える力を伸ばすⅡ	
支援者用シート（5枚）	こどもようシート
（1） 例題	
（2） 2音のトレーニング 問題1～2	
（3） 3音のトレーニング 問題3～4	
（4） 4音のトレーニング 問題5～6	
（5） 5音のトレーニング 問題7～8	

言葉の音声を
意識的に考える力を伸ばす

ねらい 言葉の音声に注意を向け、音韻意識を高めます。

見本

支援者用 Part 1 言葉の記憶機能を高める

⑤ (1) 言葉の音声を意識的に考える力を伸ばす

ねらい 言葉の音声に注意を向け、音韻意識を高める

2～5文字の言葉

■言葉探しクイズをしましょう。

① これから言葉のクイズをします。

② 3文字の言葉を探しましょう。身の回りに、3文字の名前のものはありますか。

③ （思いつかないとき）「かえる」はどうですか。「かえる」とシートに書いてみましょう。いくつの文字があるか、数えてみましょう。

④ 逆さに言うと、どうなりますか？　言ってみましょう。（言えないとき）シートの文字を見て言ってみましょう。それを書いてみましょう。書いたものを読んでみましょう。

⑤ 2文字目を取ると、どうなりますか？　言ってみましょう。（言えないとき）シートの文字を見て言ってみましょう。それを書いてみましょう。書いたものを読んでみましょう。

		答え				
例題	❶ 身の回りの3文字の言葉を探そう	か	え	る		
	❷ 逆さに言うと？	る	え	か		
	❸ 2文字目を取ると？	か	る			
問題1～4	❶ 身の回りの2文字の言葉を探そう					
	❷ 逆さに言うと？					
問題5～7	❶ 身の回りの3文字の言葉を探そう					
	❷ 逆さに言うと？					
	❸ 2文字目を取ると？					
問題8～10	❶ 身の回りの4文字の言葉を探そう					
	❷ 逆さに言うと？					
	❸ 3文字目を取ると？					
問題11～13	❶ 身の回りの5文字の言葉を探そう					
	❷ 逆さに言うと？					
	❸ 4文字目を取ると？					

26

こどもよう Part 1 言葉の記憶機能を高める

⑤ (1) 言葉の音声を意識的に考える力を伸ばす

れいだい／2もじのことば

■ ことばさがしクイズを　しましょう。

		こたえ				
れいだい	❶ みのまわりの3もじの ことばをさがそう	か	え	る		
	❷ さかさにいうと？	る	え	か		
	❸ 2もじめをとると？	か	る			
もんだい1	❶ みのまわりの2もじの ことばをさがそう					
	❷ さかさにいうと？					
もんだい2	❶ みのまわりの2もじの ことばをさがそう					
	❷ さかさにいうと？					
もんだい3	❶ みのまわりの2もじの ことばをさがそう					
	❷ さかさにいうと？					
もんだい4	❶ みのまわりの2もじの ことばをさがそう					
	❷ さかさにいうと？					

27

やり方

❶支援者は「こどもようシート」を、子どもの前に置きます。

❷支援者は子どもに「これから言葉探しクイズをします」と伝えます。

❸「3つ（数は問題に合わせる）の文字の言葉を探しましょう。周りを見て、3つの文字の名前のものはありますか」と質問します。

子どもが思いつかないときは、支援者が手元の絵本や部屋のものを指さし、例えば「かえるはどうですか」と提案します。そして、かな文字で「かえる」とシートに書くように伝えます。子どもが書けないときは、支援者が代わりに書きます。

❹「いくつの文字がありますか。数えてみましょう」と書いたマスを指さしながら数を数えます。

❺「逆さに言うとどうなりますか。言ってみましょう」と質問します。うまく言えないときは、❸で書いた文字を指さしながら逆に読ませ、それを書かせます。子どもが書けないときは、支援者が代わりに書きます。「書いたものを読んでみましょう」と指示します。

❻「2つ目の文字を取るとどうなりますか。言ってみましょう」と質問します。うまく言えないときは、❸で書いた文字の2つ目の文字をかくして読ませ、それを書かせます。子どもが書けないときは、支援者が代わりに書きます。「書いたものを読んでみましょう」と指示します。

ポイント

●子どもが周りを見ても3つの文字の名前を探せないときのために、絵本や図鑑などをあらかじめ用意しておきます。子どもが思いつかないときには、その絵を見せて名前を尋ね、文字の数を一緒に数えていきます。この時点で、わからなくても構いません。

●例えば、子どもあるいは支援者が、「かえる」とかな文字で「こどもようシート」

に書きます。子どもの文字の読み書きがうまくできなくても構いません。その文字が「かえる」であることを子どもがわかるようにします。

●かな文字の枠を数えます。『「か」「え」「る」、3つだね』と、読んで音と文字を対応づけながら、確認します。

●逆さに言う、1文字を抜く課題ができなくても構いません。支援者が書いた「かえる」の文字を示しながら読み上げ、シートに書いていきます。

●書いた文字を一緒に読みます。

かいせつ

●音韻意識の発達とかな文字の学習は、相互に影響します。「かえる」をかな文字で書くと、3つの音であることがわかります。ここでは、子どもが文字の読み書きが十分にできなくても、文字と音との対応関係を意識することを促します。

●音と文字との対応関係を意識する力（音韻意識）は、文字を学習するための基礎になります。ワーキングメモリが弱いと、言葉を意識的に考えることができず、文字の学習に遅れが生じます。とくに、特殊音の学習がなかなかできません。

●通常、4歳ごろにしりとり遊びを始めることができれば、この音韻意識が育っていることになります。しりとりなどの言葉遊びは、音韻意識の発達を一層促します。しかし、ワーキングメモリが弱かったり、言葉に注意を向けることができなかったりすると、音韻意識の発達が遅れます。「かえる」が3音であることに気づくには、「かえる」という音を覚えながら、「か」「え」「る」という個々の音を数えていく必要があるためです。ワーキングメモリが弱いと、数えているうちに、「かえる」という言葉を忘れてしまいます。

⑤ 言葉の音声を意識的に考える力を伸ばす	
支援者用シート（1枚）	**こどもようシート（4枚）**
（1） 2～5文字の言葉例題／問題1～13	（1） れいだい／2もじのことば もんだい1～4
	（2） 3もじのことば もんだい5～7
	（3） 4もじのことば もんだい8～10
	（4） 5もじのことば もんだい11～13

文を聞く力を伸ばす Ⅰ

 文を正確に聞き取り、ワーキングメモリに記憶する力を伸ばします。

見本

やり方

❶支援者は、「こどもようシート」を子どもの前に置きます。

❷支援者は、「これから文を読み上げるのでよく聞いてください」と子どもに伝えます。

❸まず、文を読み上げ、その後、正しい絵を選び、番号で答えるよう子どもに指示します。

❹短い文、長い文の２種類のワークシートがあるので、まずは短い文から始め、子どもができるようであれば、長い文に挑戦しましょう。できなくても構いません。できたものについて褒めましょう。

ポイント

●文が長くなるほど、文の音声を聞いて意味を考え、絵を指さすことが難しくなります。

●支援者は、シートの文章を読み上げるとき、ゆっくり、はっきりした声で読み上げましょう。

●子どもが正しく解答することができたら、褒めましょう。

●子どもが解答できなかったときは、もう一度、ゆっくり、はっきりした声で読み上げましょう。身振りや動作を加えて、文章を記憶する手がかりを与えても構いません。

●「こどもようシート」の絵を見て、どのような文か予想しながら、聞くように促します。

● 文を聞いて正しい絵を選択するためには、文の音声をワーキングメモリに覚えておきながら、同時にその意味を考え、理解する必要があります。例えば、「みかんを　食べる」という文を聞いたとき、まず、「みかんを」の音声をワーキングメモリに覚えておきながら、「食べる」の音声を聞いて、意味を考え理解しますが、「食べる」の意味を考えているときに「みかん」の音声を忘れてしまうと、何を食べるのかわからなくなります。「みかんを食べる」という行動をいったん理解すると、ワーキングメモリ内の音声はひとまとまりの情報になります。

● 音声の場合には、1つひとつの音を覚えながら、「みかんを食べる」という情報を組み立てます。「すっぱかった」という文を聞いたとき、ワーキングメモリ内で、「食べたみかんがすっぱかったんだ」と理解することができます。

● 話を聞くとき、連続した文（文章）をワーキングメモリ内で次々に覚えながら、ひとまとまりの情報として処理していく必要があります。それができないと聞くことができません。聞く力が弱い子どもは、ワーキングメモリに覚えておける情報量が少ないか、注意を適切にコントロールできないため効率的にワーキングメモリを利用できないかのいずれかです。

● 「こどもようシート」の絵は、情報を覚えておくときの手がかりで、絵を見ることで、文の意味を予想しながら聞くことができます。

トレーニング一覧

6　文を聞く力を伸ばす Ⅰ			
支援者用シート（4枚）		こどもようシート（4枚）	
（1）	例題	（1）	れいだい
（2）	短い文のトレーニング 問題1〜4	（2）	みじかいぶんのトレーニングもんだい1〜4
（3）〜（4）	長い文のトレーニング 問題5〜12	（3）〜（4）	ながいぶんのトレーニングもんだい5〜12

文を聞く力を伸ばす Ⅱ

 文(語)を正確に聞き取り、ワーキングメモリに記憶する力を伸ばします。

見本

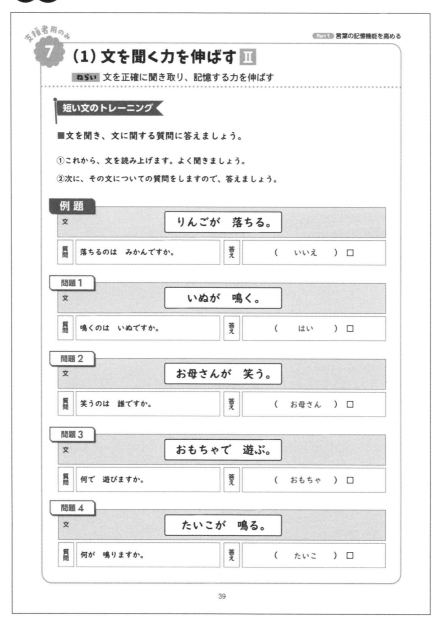

やり方

❶支援者は、これから文を読み上げるのでよく聞くように、子どもに伝えます。

❷「支援者用シート」の文を読み上げます。その後、質問も読み上げ、その質問に口頭で答えるよう指示します。できたら□にチェックをいれ、子どもを褒めましょう。

❸短い文、長い文、いろいろな文の3種類のワークシートがあります。まずは短い文から始め、子どもができるようであれば、長い文、いろいろな文に挑戦しましょう。できなくても構いません。できたものについて褒めましょう。

❹何度繰り返しても、答えることができない子どもに対しては、「❻文を聞く力を伸ばすⅠ」でやったように、絵を見せるなどの手がかりを与えます。

ポイント

●文が長くなるほど、文を覚えておいて質問に答えることが難しくなります。

●支援者は、シートの文章を読み上げるとき、ゆっくり、はっきりした声で読み上げましょう。

●子どもが正しく解答することができたら、褒めましょう。

●子どもが解答できなかったときは、もう一度、ゆっくり、はっきりした声で読み上げましょう。身振りや動作を加えて、文を記憶する手がかりを与えます。

●何度繰り返しても、答えることができない子どもは、音声情報をワーキングメモリに覚えておく力が弱いので、絵を見せるなど視覚的情報の手がかりを与えます。

かいせつ

● 文を聞いて、その文についての質問に答えるためには、文の音声をワーキングメモリに覚えておきながら、同時に、質問の意味を考え、答えの情報をワーキングメモリから選び出し、その言葉を発声する必要があります。

● 例えば、「りんごが落ちる」という文を聞いたとき、その音声をワーキングメモリに覚えておきながら、「何が落ちましたか」の音声を聞いて意味を考え、問われているのが「りんご」であることを理解します。そして、その音声を発声します。

● 当然ながら、「りんごが落ちる」の情報がワーキングメモリから消えてしまっていれば、「何が落ちましたか」と聞かれても、「りんごがどうしましたか」と聞かれても、答えることはできません。

● 授業で子どもが教師の質問に答えるためには、何を問われているかを考え、ワーキングメモリ内の情報から答えを選択し、発声する必要があります。ワーキングメモリに覚えておける情報量が少なかったり、注意を適切にコントロールできないために、何を聞かれているのかを理解できない子どもは、質問に答えることができません。

● ここでは、文（話）を聞き、質問に答える力を伸ばす練習をします。Ⅰと異なる点は、「こどもようシート」の絵がないことです。子どもは、音声だけで情報を覚えておく必要があります。ただし、音声だけで答えることができない子どもには、絵を見せるなどの手がかりを与えます。

トレーニング一覧

❼ 文を聞く力を伸ばすⅡ	
支援用者シート（8枚）	**こどもようシート**
（1）　　短い文のトレーニング 例題／問題1〜4	
（2）〜（3）長い文のトレーニング 問題5〜14	
（4）〜（8）いろいろな文のトレーニング 問題15〜39	

8

文を作る力を伸ばす

　単語を正確に聞き取り、単語から文を作る力を伸ばします。

やり方

❶支援者は、「こどもようシート」を渡し、えんぴつ、消しゴムを用意させます。

❷支援者は、これから単語を読み上げるのでよく聞くように、子どもに伝えます。

❸単語を読み上げたあと、子どもにその単語を使って文を作るように伝えます。文は、口で言っても、シートに書いても構いません。

❹文を作ることができたら、「できた」の□にチェックを入れ、子どもを褒めましょう。

❺文の作成に使う単語の数は、1～3個です。まずは単語1個から始めます。子どもが思いつかない場合、その単語を含む場面の手がかりを質問します。例えば、「いぬ」という単語ならば、「いぬはどのように鳴くの？」といった質問をします。「いぬと鳴くでどんな文ができるでしょうか？」などの質問をします。

❻子どもが1つの単語で文が作れるようであれば、読み上げる単語の数を増やしていきましょう。できなくても構いません。できたものについて褒めましょう。

ポイント

●支援者は、シートの単語を読み上げるとき、ゆっくり、はっきりした声で読み上げましょう。

●子どもが正しく解答することができたら褒めましょう。

●子どもが思いつかない場合、その単語を含む場面の手がかりを質問します。子どもが作りやすい別の単語に変えても構いません。

●単語は何度かゆっくり、はっきりした声で読み上げましょう。身振りや動作を加えたり、文を記憶する手がかりを与えても構いません。

● 単語を聞き、それを使って文を作るためには、単語の音声情報をワーキングメモリに記憶しながら、それと意味的に関連する言葉を長期記憶から思い起こす必要があります。文が適切であるかを考えている間に、単語を正確に覚えておくことができなければ、文を作ることができません。

● 読み上げられた単語を知らなかったり、単語の数が多くなったりすると、記憶に負荷がかかり、単語そのものを覚えておくことが難しくなって、文を作ることが困難になります。

● 単語が子どもにとってなじみのない場合は、よりなじみのあるものに変えると、記憶の負荷が減り、文が作りやすくなります。

トレーニング一覧

❽ 文を作る力を伸ばす	
支援者用シート（5枚）	**こどもようシート（5枚）**
（1）　1つの単語のトレーニング 例題／問題1〜5	（1）　1つのたんごのトレーニング れいだい／もんだい1〜5
（2）　2つの単語のトレーニング 問題6〜11	（2）　2つのたんごのトレーニング もんだい6〜11
（3）　3つの単語のトレーニング 問題12〜16	（3）　3つのたんごのトレーニング もんだい12〜16
（4）〜（5）1〜3つの単語のトレーニング 問題17〜26	（4）〜（5）1〜3つのたんごのトレーニング もんだい17〜26

文字を読む力を伸ばす

 かな文字を正確にすばやく読み、発音する力を伸ばします。

見本

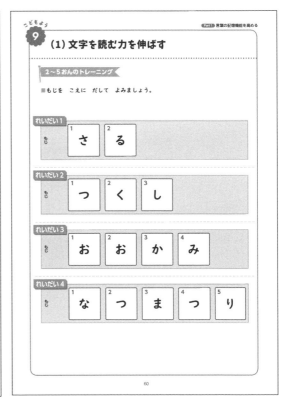

やり方

❶支援者は、「こどもようシート」を子どもの前に置きます。

❷点線でシートを折って1つの問題だけ見えるようにします。

❸問題の1つの文字につき、1回、一緒に手をたたきます。2つの文字は2回、3つの場合は、3回……。一緒にたたいた後、問題を指さして、一人でたたくように伝えます。

❹支援者は、順番に□を指さし、子どもに、1つの文字につき1回手をたたきながら、文字を声に出して読むように指示します。読めないときは一緒に読み、その後、何度か一人で繰り返させます。

❺手をたたきながら、文字を読み続け、だんだん、速く読むように指示します。

❻その言葉について、「○○」って何ですか、とその言葉について知っていることを自由に話すよう指示します。話す内容はどのようなものでも構いません。話すことができたら子どもを褒めましょう。

ポイント

●読み上げる文字の数は、2〜5個あります。文字の数が多くなるほど、続けて読むのに時間がかかります。

●1つの文字につき、1回手をたたくこと（1つの音で1拍）で、言葉にリズムをつけます。これは、日本語固有のリズムで、和歌や俳句を五・七・五と数える単位になっています。

●文字を1つずつ読めても、すぐに、それが単語として理解できない子どももいます。何度か繰り返して続けて読むと、音がつながり、単語として認識されます。すると、読む速度が速くなりますが、手をたたきながら、1文字ずつ読むように指示します。

●子どもがその単語について何も話せない場合、支援者から「なんて鳴くの?」などのヒントを出して、知っていることを引き出します。

かいせつ

●かな文字は、特殊音などの例外を除き、1つの文字に対して1つの音が対応します。そのため、かな文字の読みを覚えるのは難しいことではありません。「ねこ」の文字を知っていても、1文字ずつ読んだ「ね」「こ」は、頭の中の「ねこ」と対応していないことがあります。2文字を続けて読むうちに、それが「ねこ」を表す言葉であることに気づきます。いったん、「ねこ」であることに気づくと、「ね」「こ」の2つの音は、ワーキングメモリ内で「ねこ」という1つのまとまりになります。「ねこ」という1つのまとまりになると、「ね」「こ」をさっとすばやく読めるようになります。このように、「ね」「ね・こ」を「ねこ」につなげていくことがすらすら読むために必要で、トレーニングで身につけることができます。

●文字数が多くなるにつれて、ワーキングメモリ内に覚えておかなければならない情報が多くなりますが、いったん単語として認識できれば、文字の長さは関係なくなります。

9 文字を読む力を伸ばす	
支援者用シート（3枚）	**こどもようシート（53枚）**
（1）2～5音のトレーニング 例題1～4	（1）　　　2～5おんのトレーニング れいだい1～4
	（2）～（11）2おんのトレーニング もんだい1～60
	（12）～（21）3おんのトレーニング もんだい61～120
	（22）～（31）4～6おんのトレーニング もんだい121～180
（2）促音のトレーニング 例題1～4	（32）　　　そくおんのトレーニング れいだい
（3）拗音のトレーニング 例題	（33）　　　ようおんのトレーニング れいだい1～4
	（34）～（43）そくおん・ようおんのトレーニング（しるしつき）もんだい181～240
	（44）～（53）そくおん・ようおんのトレーニング（しるしなし）もんだい241～300

音声を正確に覚える力を伸ばす Ⅲ

 意味のある複数の言葉の類似した音声を正確に聞き取り、ワーキングメモリに記憶する力を伸ばします。

見本

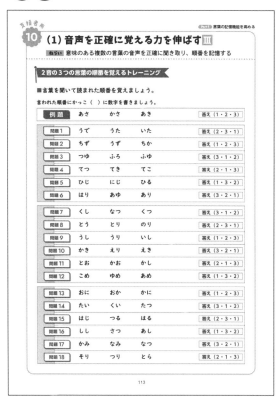

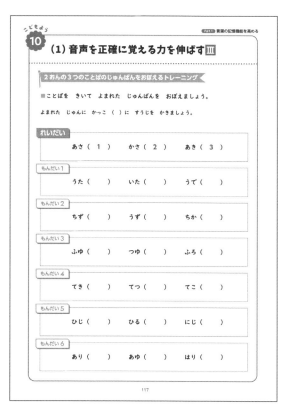

❶支援者は、「こどもようシート」を子どもの前に置きます。

　支援者は、「支援者用シート」を見ながら言葉を読み上げます。

❷まず、「例題」を使ってルールの説明をします。支援者が、「支援者用シート」の「例題」の３つの言葉を読み上げます。その後、はじめに言った言葉の横に「1」、次に言った言葉の横に「2」、最後に言った言葉の横に「3」を書き入れるように、「こどもようシート」の「れいだい」のところを指さしながら指示します。

❸子どもがルールを理解できたら、問題１から順にやっていきます。「支援者用シート」と「こどもようシート」の言葉の配列は異なっています。

❹支援者は「支援者用シート」にある３つの言葉を、左から子どもに読み上げます。その後、子どもに、読み上げた順番を「こどもようシート」に書き込むよう伝えます。答えは「支援者用シート」に書いてあります。できていたら、「こどもようシート」の（　　）の数字に○をつけ、褒めます。

ポイント

●３つの言葉は、２音から５音まであります。音の数が多く、またその言葉を知らない場合は、子どもが正確に覚えるのが難しくなります。

●支援者は、シートの言葉を読み上げるとき、１音ずつゆっくり、はっきりした声で読み上げます。

●子どもが正しく順番を書けたときには褒めます。

●子どもが間違えたときは、言葉をゆっくりと、大きく口を開けて発音し、抑揚やリズムをつけて、再度、順番を書くように促します。

●３つの言葉は、音が似ているので混同しやすいため、子どもが間違えたときは、３つの言葉を繰り返し読み上げ、音の順番を確認します。

かいせつ

● 聞いた音声を順番通りにワーキングメモリに正確に保持（記憶）することは、指示通りに活動を行う際に不可欠です。

● 音の似た言葉を区別することは、記憶に負荷がかかり（音韻類似性効果）、順番を保持しにくくなります。

● 子どもが間違えたときは、言葉に抑揚やリズムをつけたり、身振りや動作を加えたりして、音にまとまりをつけます。

● 例題の〈あさ・かさ・あき〉のように関連ない言葉も、言葉の意味を認識させると、子どもが持っている知識（長期記憶）が手がかりになり、理解しやすくなります。

トレーニング一覧

❿ 音声を正確に覚える力を伸ばす Ⅲ			
支援者用シート（4枚）		こどもようシート（12枚）	
(1)	2音の3つの言葉の順番を覚えるトレーニング 例題／問題 1〜18	(1) 〜 (3)	2 おんの3つのことばのじゅんばんをおぼえるトレーニング れいだい／もんだい 1〜18
(2)	3音の3つの言葉の順番を覚えるトレーニング 例題／問題 19〜36	(4) 〜 (6)	3 おんの3つのことばのじゅんばんをおぼえるトレーニング れいだい／もんだい 19〜36
(3)	4音の3つの言葉の順番を覚えるトレーニング 例題／問題 37〜54	(7) 〜 (9)	4 おんの3つのことばのじゅんばんをおぼえるトレーニング れいだい／もんだい 37〜54
(4)	5音の3つの言葉の順番を覚えるトレーニング 例題／問題 55〜72	(10) 〜 (12)	5 おんの3つのことばのじゅんばんをおぼえるトレーニング れいだい／もんだい 55〜72

音声を正確に覚える力を伸ばす Ⅳ （非単語）

　意味のない複数の言葉の類似した音声を正確に聞き取り、ワーキングメモリに記憶する力を伸ばします。

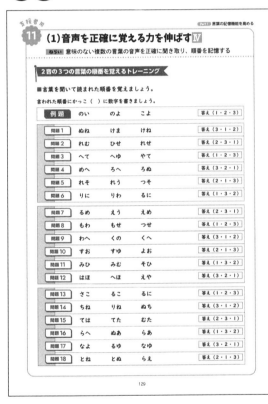

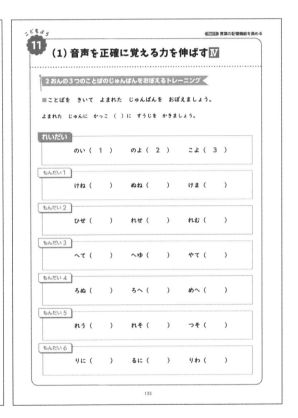

やり方

❶支援者は、「こどもようシート」を子どもの前に置きます。支援者は、「支援者用シート」を見ながら言葉を読み上げます。

❷まず、「例題」を使ってルールの説明をします。支援者が、「支援者用シート」の「例題」の３つの言葉を読み上げます。その後、はじめに言った言葉の横に「1」、次に言った言葉の横に「2」、最後に言った言葉の横に「3」を書き入れるように、「こどもようシート」の「れいだい」のところを指さしながら指示します。

❸子どもがルールを理解できたら、問題１から順にやっていきます。「支援者用シート」と「こどもようシート」の言葉の配列は異なっています。

❹支援者は「支援者用シート」にある３つの言葉を、左から子どもに読み上げます。その後、子どもに、読み上げた順番を「こどもようシート」に書き込むよう指示します。答えは「支援者用シート」に書いてあります。できていたら、「こどもようシート」の（　）の数字に○をつけ、褒めます。

ポイント

●支援者は、シートの言葉を読み上げるとき、１音ずつゆっくり、はっきりした声で読み上げます。

●子どもが正しく順番を書けたときには褒めます。

●子どもが間違えたときは、言葉をゆっくりと、大きく口を開けて発音し、抑揚やリズムをつけて、再度、順番を書くように促します。

●３つの言葉は、音が似ているので混同しやすいため、子どもが間違えたときは、３つの言葉を繰り返し読み上げ、順番を確認します。

- 聞いた音声を順番通りにワーキングメモリに正確に保持（記憶）することは、指示通りに活動を行う際、不可欠です。

- 音の似た非単語（無意味語）は、言葉を1つの意味のかたまりとして認識できないため、覚えることが難しく、音が似ている言葉の区別が必要になり、記憶に負荷がかかり（音韻類似性効果）、順番を保持しにくくなります。

- 子どもが間違えたときは、言葉に抑揚やリズムをつけたり、身振りや動作を加えたりして、音にまとまりをつけます。

- 終了時、子どもがどのように覚えていたか、独自の工夫を聞くのもよいでしょう。今後、効果的な支援方法を考える際に役立つことがあります。

トレーニング一覧

🔟🔟 音声を正確に覚える力を伸ばす Ⅳ		
支援者用シート（4枚）		**こどもようシート（12枚）**
(1)	2音の3つの言葉の順番を覚えるトレーニング 例題／問題1〜18	(1)〜(3) 2おんの3つのことばのじゅんばんをおぼえるトレーニング れいだい／もんだい1〜18
(2)	3音の3つの言葉の順番を覚えるトレーニング 例題／問題19〜36	(4)〜(6) 3おんの3つのことばのじゅんばんをおぼえるトレーニング れいだい／もんだい19〜36
(3)	4音の3つの言葉の順番を覚えるトレーニング 例題／問題37〜54	(7)〜(9) 4おんの3つのことばのじゅんばんをおぼえるトレーニング れいだい／もんだい37〜54
(4)	5音の3つの言葉の順番を覚えるトレーニング 例題／問題55〜72	(10)〜(12) 5おんの3つのことばのじゅんばんをおぼえるトレーニング れいだい／もんだい55〜72

文を読む力を伸ばす Ⅰ

 文を正確に読み取り、理解する力を伸ばします。

見本

❶支援者は、「こどもようシート」を子どもの前に置きます。

❷点線でシートを折って1つの問題だけが見えるようにします。

❸支援者は、問題の文を読むように指示します。子どもが一人の場合は、声に出して読むように伝えます。他の子どもがいる場合は、黙読するように伝えます。声に出して読んでいるときは、支援者は子どもが正確に読んでいるかを確認します。何度か繰り返して読ませます。

❹支援者は、文と同じ絵を下の絵から選ぶように伝え、番号に○をつけるか、番号を言うように指示します。

❺答えが合っているときは、子どもを褒めます。間違っているときは、再度、文を読ませ、もう一度考えるように伝えます。それでも正しく選べないときは、意味を説明し、正しい絵を示します。

ポイント

●子ども自身が声に出して読んだ方が、読んだ声を子ども自身で聞くことができるので、理解が深まります。また、支援者も正しく読んでいるかをチェックができます。

●周りに子どもがいない場合は、声に出して読ませましょう。

●何度か声に出して読ませた後、絵を選択させます。考える時間を十分に与えましょう。正しく解答することができたら、支援者は子どもを褒めましょう。できなくても構いません。

●子どもが文を読み上げることが難しい場合、支援者は読む文字を指さしながら、子どもと一緒に読みましょう。

● 問題文には短い文、長い文の2種類あります。文が長く、複雑になるほど、文から意味を理解し、意味（その音声）を覚えておいて文に合致する絵を選択するのが難しくなります。

● 文を読み、一致する絵を選択するためには、文の内容（音声情報）をワーキングメモリ内に正確に保持（記憶）しておく必要があります。正確に保持することができなければ、それぞれの文に一致する絵を選択することが難しくなります。

トレーニング一覧

⑫ 文を読む力を伸ばす Ⅰ	
支援者用シート（3枚）	**こどもようシート（3枚）**
（1）　　　短い文のトレーニング 例題／問題1〜3	（1）　　　みじかいぶんのトレーニング れいだい／もんだい1〜3
（2）〜（3）長い文のトレーニング 問題4〜11	（2）〜（3）ながいぶんのトレーニング もんだい4〜11

13

文を読む力を伸ばす Ⅱ

 文を正確に読み取り、ワーキングメモリに記憶する力を伸ばします。

見本

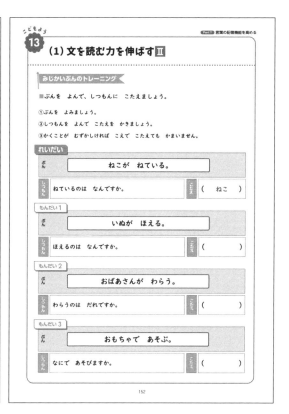

やり方

❶支援者は、「こどもようシート」を子どもの前に置きます。

❷支援者は子どもに「もんだい」文と「しつもん」文を読むよう指示します。子どもが一人の場合は、声に出して読むように言います。他の子どもがいる場合は、黙読するように言います。声に出して読んでいるときは、正確に読んでいるかを確認します。何度か繰り返し読ませても構いません。

❸支援者は、子どもに「しつもん」の「こたえ」を書くよう指示します。

❹答えが正しいときは、子どもを褒めます。書くことが難しい場合は、口頭で答えても構いません。口頭の答えが正しかったら、同じ答えを支援者も声に出して言い、「こたえ」の欄に書かせます。

❺書いたものが間違っているときは、再度、子どもに問題文と質問文を読ませ、もう一度考えるように伝えます。それでも正しく書けないとき、質問の「なんですか」を○で囲み、それに対応するものが問題にあるかを尋ねます。対応するものを支援者が○で囲み、それを子どもに声に出して言わせてから「こたえ」の欄に書かせます。

ポイント

●声に出して読んだ方が、読んだ声を子ども自身が聞くことができるので、理解が深まります。また、支援者が正しく読んでいるかチェックができます。周りに子どもがいない場合は、声に出して読ませましょう。何度か声に出して読ませた後、答えを考えさせます。考える時間を十分に与えましょう。正しく解答することができたら、支援者は子どもを褒めましょう。できなくても構いません。

●子どもが文を読み上げることが難しい場合、支援者は読む文字を指さしながら、子どもと一緒に読みましょう。

● 問題文には短い文、長い文の2種類あります。文が長く、複雑になるほど、文から意味を理解し、意味（その音声）を覚えておきながら、質問を読んで答えを考えることが、難しくなります。

● 文を読んで質問に答えるためには、その間、読んだ文をワーキングメモリ内に正確に保持（記憶）しておく必要があります。文を記憶しておくことができなければ、質問に答えることはできません。また、文を覚えていたとしても、答えを考えているうちに忘れてしまうかもしれません。その場合、もう一度読み直す必要があります。

トレーニング一覧

⓭ 文を読む力を伸ばす Ⅱ		
支援者用シート（1枚）	こどもようシート（3枚）	
（1） 短い文のトレーニング／長い文のトレーニング 例題／問題1〜11 解答	（1）	みじかいぶんのトレーニング れいだい／もんだい1〜3
	（2）〜（3） ながいぶんのトレーニング もんだい4〜11	

14

言葉から文を作る力を伸ばす Ⅰ

 1つの言葉から関連する状況を思い浮かべ、文を作る力を伸ばします。

見本

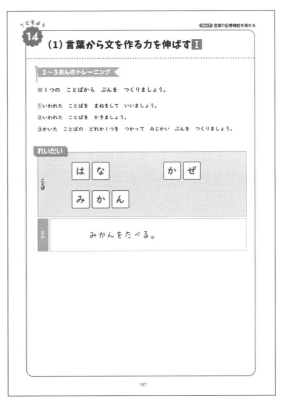

❶支援者は、「こどもようシート」を子どもの前に置きます。
支援者は、「支援者用シート」を見ながら言葉を読み上げます。

❷支援者は３つの言葉を１つずつ読み上げ、子どもに「まねしてみよう」と伝えます。反復できたら褒めます。

❸「こどもようシート」に３つの言葉を書くよう指示します。書けたら褒めます。書けない場合は、支援者が代わりに書きます。

❹書いた言葉のうちどれか１つを使って短文を作るように指示します。文を思い浮かべられない場合は、「どこにいますか」「どうやって使いますか」「誰に言いましたか」など、具体的にその言葉を使用する場面を想起させるように質問します。子ども自身が使ったことのない言葉の場合は、使っている人を見た経験などがないか質問してみましょう。

❺子どもが書けたら、褒めます。書けない場合は、支援者が代わりに書き、一緒に読みます。できたら、次の問題で、❷～❹を繰り返します。支援者が適宜別の言葉（子どもの興味のあるものや好きなもの）を選んで、使用しても構いません。

●「こどもようシート」は、使用語の文字数によって分けられます。子どもの力に応じて使い分けてください。

●支援者は、「こどもようシート」の言葉を読み上げるとき、１音ずつゆっくり、はっきりした声で読み上げます。その後、子どもを見ながら「まねしてみましょう」と指示します。

●音を文字にするには、音と文字との対応が頭の中でできている必要があります。文字がなかなか出てこないようなら、子どもの筆記スピードに合わせて１音を

発音するなどの手助けをしましょう。カタカナの言葉は、ひらがなで書いても
構いません。

● 言葉を使って文を作るのは、自分の考えを文で伝えるための練習です。短い文
でも構いません。

かいせつ

● 言葉から文を作るときは、その言葉をワーキングメモリに覚えながら、それを
含む文を考える必要があります。

● 文字として目の前に言葉が書いてあると、忘れてもすぐそれを見ることができ
るので、考えることに集中することができます。

● 使用する語は、主に学校への適応に必要と思われる言葉を使っています。言葉の
意味がわからないときは、イラストなどを用いて意味を伝えましょう。

● 言葉をもとに文を考えることで、その言葉と関連した言葉や場面がワーキングメ
モリに想起され、その関連性が長期記憶で強化されます。いったん文を作ると、
その関連した言葉や場面が思いだしやすくなり、その後、文が作りやすくなります。

トレーニング一覧

⑭ 言葉から文を作る力を伸ばす Ⅰ	
支援者用シート（2枚）	**こどもようシート（7枚）**
（1）　2〜3音のトレーニング　例題／問題 1〜6	（1）　2〜3おんのトレーニング　れいだい
（2）　4〜5音のトレーニング　問題 7〜12	（2）　2おんのトレーニング　もんだい 1〜2
	（3）　2〜3おんのトレーニング　もんだい 3〜4
	（4）　3おんのトレーニング　もんだい 5〜6
	（5）　4おんのトレーニング　もんだい 7〜8
	（6）　4〜5おんのトレーニング　もんだい 9〜10
	（7）　5おんのトレーニング　もんだい 11〜12

15

言葉から文を作る力を伸ばす Ⅱ

複数の言葉から関連する状況を思い浮かべ、文を作る力を伸ばします。

見本

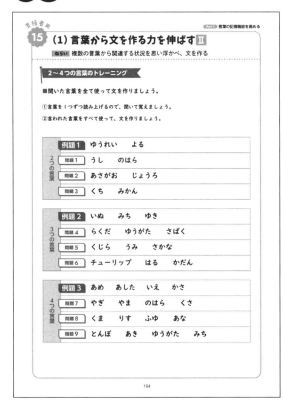

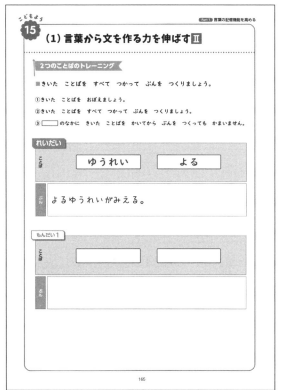

やり方

❶支援者は、「こどもようシート」を子どもの前に置きます。
支援者は、「支援者用シート」を見ながら言葉を読み上げます。

❷まず、「例題」を使ってルールの説明をします。支援者が、「支援者用シート」の「例題」の2つの言葉を読み上げます。その後、「こどもようシート」の「れいだい」のところを指さしながら、読み上げた2つの言葉を使って文を作るよう指示します。子どもが書けたら褒めます。

❸子どもがルールを理解できたら、「もんだい1」から順にやっていきます。2つから4つの言葉を使って文を作ります。

❹頭の中だけで、言葉をつなげて文を作ることが難しい場合、いったん聞いた言葉を「こどもようシート」に文字として書くように伝えて、それらの関係を考えてから文を作るようにします。

ポイント

●「こどもようシート」は、使用語の数によって分けられます。子どもの力に応じて使い分けてください。

●支援者は、「支援者用シート」の言葉を読み上げるとき、1音ずつゆっくり、はっきりした声で読み上げます。

●音を文字にするには、音と文字との対応が頭の中でできている必要があります。文字がなかなか出てこないようなら、子どもの筆記スピードに合わせて1音を発音するなどの手助けをしましょう。カタカナの言葉は、ひらがなで書いても構いません。

●言葉を使って文を作るのは、文で自分の考えを伝えるための練習をすることを目的としています。短い文でも構いません。

● 言葉の数が多いほど、記憶に負荷がかかるため、ワーキングメモリに言葉を覚えておきながら文を作ることが難しくなります。

● 複数の言葉から文を作るときは、言葉を覚えておきながら、言葉の関連を考える必要があるため、ワーキングメモリの負荷は高くなります。

● それぞれの言葉を関連付けることができれば、意味としてまとまりをなすため、ワーキングメモリの負荷は減ります。

● 文を作るときには、頭で単語を思い浮かべて、それらの単語を意味的に正しい形で文にしますが、このトレーニングはそのプロセスを意識的に再現したものです。文字で書くことで、記憶負荷が減るので、文を作る力を伸ばすため、いったん文字に書いてから文を考えることも有効です。

トレーニング一覧

⑮ 言葉から文を作る力を伸ばす Ⅱ		
支援者用シート（1枚）	**こどもようシート（6枚）**	
（1） 2〜4つの言葉のトレーニング 例題／問題1〜9	（1）〜（2）	2つのことばのトレーニング れいだい／もんだい1〜3
	（3）〜（4）	3つのことばのトレーニング れいだい／もんだい4〜6
	（5）〜（6）	4つのことばのトレーニング れいだい／もんだい7〜9

Part2 視空間編❶〜⑱

視 空 間

の記憶機能を高める
ワーク

特定の線に注意を向ける力を伸ばす Ⅰ

ねらい 複数ある線の中から、特定の線の位置を正確にとらえ、ワーキングメモリに記憶する力を伸ばします。

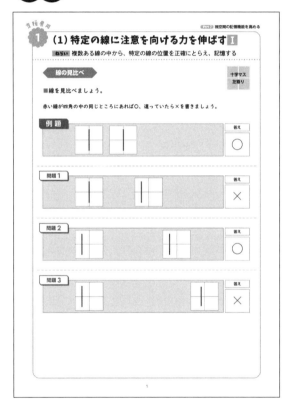

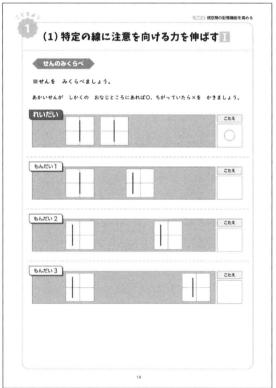

やり方

❶支援者は、「こどもようシート」を子どもの前に置きます。

❷支援者は、比較する2つの四角（マス）を指さしながら子どもに「2つの赤い線があります。よく見てください」と伝え、「2つの赤い線は、四角の中の同じところにありますか。違うところにありますか」と質問します。枠については「四角」「マス」「ワク」など、子どもがわかる言葉を使います。子どもは、線の位置を比べて、同じか違うか判断します。

❸比較する線の四角2つと解答欄とを指さしながら「赤い線が同じところにあったら、ここに〇を書いてください。違ったら×を書いてください」と指示します。やり方をわかっている子どもの場合は、一人で取り組んでも構いません。

❹子どもは、線の位置を比べて、同じか違うか判断します。

❺正解の場合は、支援者はこたえのマスに〇をつけて褒めます。

❻不正解の場合は、「もう1回見てみましょう」と注目を促します。それでも気づかないようなら、マス内の十字線との関係性を見る、指を当てて線の長さを比べてみるなどのヒントを与えます。その方法で正解がわかれば、〇をつけて褒めます。わからなかった場合は、子どものがんばりを褒め、次の問題に進みます。

❼他の問題が見えると混乱し、集中することが難しい子どもには、点線でシートを折って1つの問題だけ見えるようにします。

ポイント

●シートは、比較するマスの位置が、①左寄り、②右寄り、③上寄りの3種類あります。①は右利き②は左利きの子どもが左右に視線を移動して比較する力を育てることを、目的にしています。③は上下に視線を移動して比較する力を育てることを目的にしています。

●このトレーニングでは、小学校で使用するような十字線の入った四角（マス）と、

対角線の入った四角の中にある直線の位置を覚えます。線がたくさんあるため、覚えるのが難しくなります。こうしたイメージ（知識）を頭の中（長期記憶）に入れられるようになると、ノートのマス目からはみ出さないように文字を書くことや、画数が多い漢字を覚える際の支えになります。

● このトレーニングでは、22mm × 22mm の四角を使用しています。この大きさは、小学１年生が使うノートのマスの大きさの１つです。また、四角の間の距離は、少しずつ広がっていきます。比べる四角同士の距離が遠くなるほど、線の位置を頭の中に覚えていなければならない時間が長くなるので、難しくなります。

● 短い距離から始め、だんだん距離を伸ばして、長い距離でも覚えられるようにトレーニングをしていきます。

かいせつ

● ２つのマスの線が同じであるかを判断するためには、それぞれの線の位置をワーキングメモリに正確に保持（記憶）し、比較する必要があります。一方のマスの線から他方のマスへと視線を移動する間、ワーキングメモリにそのマスの線の位置を正確に保持することができなければ、比較はできません。

● このトレーニングでは、マス内の十字線との交点など、必要な情報を頭の中で取捨選択することが必要となります。

● 子どもがうまく反復できないときは、次のような方法で線を意味のあるまとまりとして認識することを促します。
①言語化する（例：線の離れ具合が遠い、近い）
②身振りや動作を加える（例：指でなぞる、自分の指を当てて定規代わりにする）
それぞれの子どもに合わせた方法を考えてください。

トレーニング一覧

❶ 特定の線に注意を向ける力を伸ばす Ⅰ	
支援者用シート（13 枚）	**こどもようシート（13 枚）**
（1）～（3）　線の見比べ 例題／問題 1 ～ 14 （十字マス・左寄り）	（1）～（3）　せんのみくらべ れいだい／もんだい 1 ～ 14 （十字マス・ひだりより）
（4）～（5）　線の見比べ 例題／問題 15 ～ 25 （十字マス・右寄り）	（4）～（5）　せんのみくらべ れいだい／もんだい 15 ～ 25 （十字マス・みぎより）
（6）～（7）　線の見比べ 例題／問題 26 ～ 36 （十字マス・上寄り）	（6）～（7）　せんのみくらべ れいだい／もんだい 26 ～ 36 （十字マス・うえより）
（8）～（9）　線の見比べ 例題／問題 37 ～ 47 （対角線マス・左寄り）	（8）～（9）　せんのみくらべ れいだい／もんだい 37 ～ 47 （対角線マス・ひだりより）
（10）～（11）　線の見比べ 例題／問題 48 ～ 58 （対角線マス・右寄り）	（10）～（11）　せんのみくらべ れいだい／もんだい 48 ～ 58 （対角線マス・みぎより）
（12）～（13）　線の見比べ 例題／問題 59 ～ 69 （対角線マス・上寄り）	（12）～（13）　せんのみくらべ れいだい／もんだい 59 ～ 69 （対角線マス・うえより）

線の位置を正確に覚える力を伸ばす Ⅰ

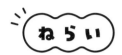

ねらい 線の位置を正確にとらえ、ワーキングメモリに記憶する力を伸ばします。

見本

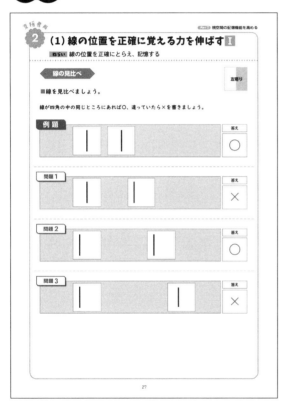

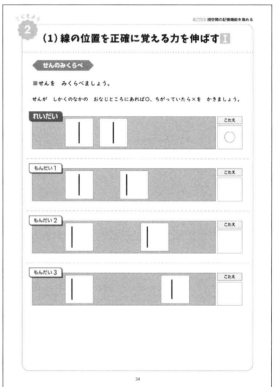

やり方

❶支援者は、「こどもようシート」を子どもの前に置きます。

❷支援者は、比較する2つの四角（マス）を指さしながら、子どもに「2つの線があります。よく見てください」と伝え、「2つの線は、四角の中の同じところにありますか。違うところにありますか」と質問します。線を囲むワクのことは「四角」「マス」「ワク」など、子どもがわかる言葉を使います。子どもは線の位置を比べて、同じか違うか判断します。

❸比較する四角2つと解答欄とを指さしながら「線が同じところにあったら、ここに〇を書いてください。違ったら×を書いてください」と指示します。やり方をわかっている子どもの場合は、一人で取り組んでも構いません。

❹正解の場合は、解答欄に〇をつけます。また、「じっと目を向けて、同じか違うかを考えていましたね」などと、子どもができていた行動について褒めます。

❺不正解の場合は、指で線を1本ずつなぞってみる、注目するべきところに支援者が印をつける、指を当てて線の長さを比べてみるなどのヒントを与えます。その後、もう一度「四角の中の2つの線は、同じところにありますか。違うところにありますか」と質問します。違いに気づけたら「指を使ったら、違いがわかりましたね」などと、行動を言語化して伝え、〇をつけます。気づけなかった場合も、「この問題は終わりです」などと言ってシート全体に〇をつけます。

❻他の問題が見えると混乱し、集中することが難しい子どもには、シートを折って行います。

ポイント

●このトレーニングでは、線の本数が1〜2本の問題を用意しています。線の数が多いほど覚えるのが難しくなります。少ない本数からはじめ、線の位置のイメージを頭に入れていきます。こうしたイメージ（知識）を頭の中（長期記憶）に入れておくと、漢字を覚えるときの基礎になります。

●このトレーニングでは、比べる線の四角同士の距離が少しずつ広がっていきます。比べる四角同士の距離が長くなるほど、線の位置を頭の中で覚えていなければならない時間が長くなるので、難しくなります。短い距離から始め、だんだん距離を伸ばして、長い距離でも覚えられるようにトレーニングしていきます。

●シートは、比較するマスの位置が、①左寄り、②右寄り、③上寄りの3種類あります。①は右利き、②は左利きの子どもが左右に視線を移動して比較する力を育てることを目的にしています。③は上下に視線を移動して比較する力を育てることを目的にしています。

かいせつ

●答えが違っていても、子どもが線の位置を覚えようとがんばっていたときは「がんばって考えていましたね」「今、頭をフルに使っていましたね」などとチャレンジした姿勢を褒めます。

●漢字などの文字は線の組み合わせからできているため、覚えるときには、四角（マス）の中での線の位置を覚えることが必要になります。また2画以上の漢字では、線と線との位置関係を覚えることも必要になります。

トレーニング一覧

❷ 線の位置を正確に覚える力を伸ばすⅠ	
支援者用シート（7枚）	こどもようシート（7枚）
(1)～(3) 線の見比べ 例題／問題1～14（左寄り）	(1)～(3) せんのみくらべ れいだい／もんだい1～14（ひだりより）
(4)～(5) 線の見比べ 例題／問題15～25（右寄り）	(4)～(5) せんのみくらべ れいだい／もんだい15～25（みぎより）
(6)～(7) 線の見比べ 例題／問題26～36（上寄り）	(6)～(7) せんのみくらべ れいだい／もんだい26～36（うえより）

特定の線に注意を向ける力を伸ばす Ⅱ

 複数ある線の中から、特定の線の位置を正確にとらえ、ワーキングメモリに記憶する力を伸ばします。

見本

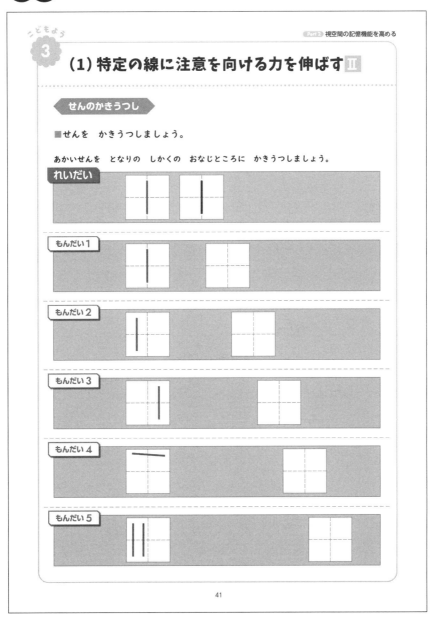

❶支援者は、「こどもようシート」を子どもの前に置きます。

❷支援者は、見本が書かれた四角（マス）と、何も書いていない四角を指さしながら「赤い線をこちらに書き写してください」と指示します。やり方をわかっている子どもの場合は、一人で取り組んでも構いません。

❸支援者は、大きなずれ・はみだしや、短すぎるところがないか、マス内の点線との交点の位置に違いがないかを確認します。正解の場合は、子どもの書いたマスに○をつけて褒めます。

❹不正解の場合は、「もう１回書いてみてください」と伝え、再度書いてもらいます。それでも変わらないようなら、マス内の点線との関係性を見る、指を当てて線の長さを比べてみるなどのヒントを与えます。その方法で正確に書ければ、支援者は○をつけて褒めます。わからなかった場合は、子どものがんばりを褒め、次の問題に進みます。

❺他の問題が見えると混乱し、集中することが難しい子どもには、シートを折って行います。

ポイント

● シートは、比較するマスの位置が、①左寄り、②右寄り、③上寄りの３種類あります。①は右利き、②は左利きの子どもが左右に視線を移動して比較する力を育てることを、目的にしています。③は上下に視線を移動して比較する力を育てることを目的にしています。

● 文字は線の組み合わせです。とくに漢字を覚えるときには、四角（マス）内の点線との位置関係を覚えることが必要になります。また２画以上の漢字では、線と線との位置関係を覚えることも必要になります。

● このトレーニングでは、小学校で使用するような十字線の入った四角（マス）と、対角線の入ったマスの中にある直線の位置を覚えます。線の数がたくさんあるため、覚えるのが難しくなります。こうしたイメージ（知識）を頭の中（長期記憶）に入れられるようになると、ノートのマス目からはみ出さないように文字を書くことや、画数が多い漢字を覚えることの支えになります。

● このトレーニングでは、22mm × 22mm の四角を使用しています。この大きさは、小学１年生が使うノートのマスの大きさの１つです。また、四角の間の距離は、少しずつ広がっていきます。比べる四角同士の距離が長くなるほど、線の位置を頭の中に覚えていなければならない時間が長くなるので、難しくなります。短い距離から始め、だんだん距離を伸ばして、長い距離でも覚えられるようにトレーニングしていきます。

● 書き直しや消すことをいやがる子どもの場合は、シートを複数印刷しておき、まっさらなシートを用意します。

● ここでのトレーニングではマス内の点線との交点など、必要な情報を頭の中で取捨選択することも必要となります。

● 子どもがうまくできないときは、線を意味のあるまとまりにするなど、情報の選び方を教えます（68 ページ参照）。

トレーニング一覧

支援者用シート	❸ 特定の線に注意を向ける力を伸ばす Ⅱ
	こどもようシート（12 枚）
	（1）〜（2）　せんのかきうつし れいだい／もんだい 1 〜 11（十字マス・ひだりより）
	（3）〜（4）　せんのかきうつし れいだい／もんだい 12 〜 22（十字マス・みぎより）
	（5）〜（6）　せんのかきうつし れいだい／もんだい 23 〜 33（十字マス・うえより）
	（7）〜（8）　せんのかきうつし れいだい／もんだい 34 〜 44（対角線マス・ひだりより）
	（9）〜（10）　せんのかきうつし れいだい／もんだい 45 〜 55（対角線マス・みぎより）
	（11）〜（12）　せんのかきうつし れいだい／もんだい 56 〜 66（対角線マス・うえより）

線の位置を正確に覚える力を伸ばす Ⅱ

 線の位置を正確にとらえ、ワーキングメモリに記憶する力を伸ばします。

見本

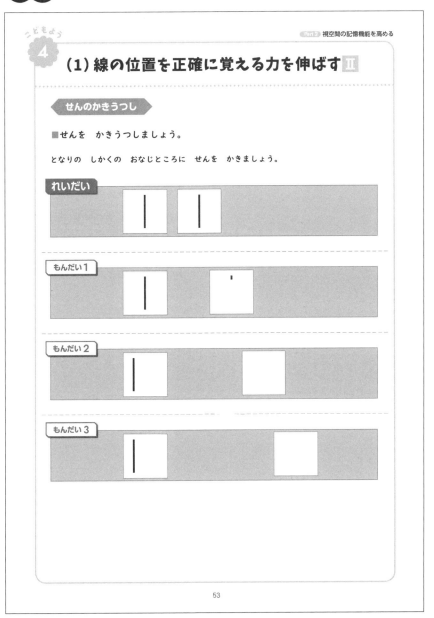

❶支援者は、「こどもようシート」を子どもの前に置きます。

❷支援者は、指さしながら「四角（マス）の中に線があります。よく見てください」と伝えます。次に、もう１つの四角を指さしながら、「四角の中の同じところに線を書き写してください」と指示します。やり方をわかっている子どもの場合は、一人で取り組んでも構いません。

❸子どもは、線の位置が同じになるように、線を書き写します。

❹支援者は、「もう一度見てください。うまく書き写せましたか？」と質問します。

❺正解の場合は、支援者は○をつけます。また、「どこに線を引いたらよいか、よく見て考えていましたね」などと子どもができていた行動を褒めます。

❻不正解の場合は、指で線を１本ずつなぞってみる、注目すべきところに支援者が印をつける、指を当てて線の長さを比べてみるなどの補助となる方法を教えます。見本との違いに気付けたら、「直しますか？」などと問いかけ、修正を促します。また「指を使ったら、違いがわかりましたね」などと行動を言語化して伝え、書き直した線に○をします。気付けなかった場合は、「この問題は終わりです」などと言ってシート全体に○をし、次の問題を行います。

❼他の問題が見えると混乱し、集中することが難しい子どもには、シートを折って行います。

ポイント

●シートは、比較するマスの位置が、①左寄り、②右寄り、③上寄りの３種類あります。①は右利き、②は左利きの子どもが左右に視線を移動して比較する力を育てることを目的にしています。③は上下に視線を移動して比較する力を育てることを目的にしています。

●このトレーニングでは、線の本数が１〜２本の問題を用意しています。線は数

が多いほど覚えるのが難しくなります。1本から始め、線の位置のイメージを頭に入れていきます。こうしたイメージ（知識）を頭の中（長期記憶）に入れておくと、漢字を覚えるときの支えになります。

●このトレーニングでは、比べる線の四角同士の距離が少しずつ広がっていきます。比べる四角同士の距離が長くなるほど、線の位置を頭の中で覚えていなければならない時間が長くなるので、難しくなります。短い距離から始め、だんだん距離を伸ばして、長い距離でも覚えられるようにトレーニングしていきます。

●答えが違っていても、子どもが同じ位置に線を書こうとがんばっていたときは「よく見て書こうとしていましたね」などとチャレンジする姿勢を褒めます。

かいせつ

●漢字を見て、正確に書き写すためには、線の位置をワーキングメモリに正確に保持する必要があります。見本から書く場所へと視線を移動する間だけではなく、手を動かして線を書いている間も、線の位置を正確に頭の中に反復（保持）することが必要です。

●複数の線を、1つのまとまりとして認識できると、反復しやすくなり、書き写すのが容易になります。

●子どもがうまくできないときは、線を意味のあるまとまりにするなど、情報の選び方を教えます（68ページ参照）。

トレーニング一覧

支援者用シート	❹ 線の位置を正確に覚える力を伸ばすⅡ
	こどもようシート（7枚）
	（1）～（3）　せんのかきうつし れいだい／もんだい 1～14（ひだりより）
	（4）～（5）　せんのかきうつし れいだい／もんだい 15～25（みぎより）
	（6）～（7）　せんのかきうつし れいだい／もんだい 26～36（うえより）

特定の図形に注意を向ける力を伸ばす $\boxed{\text{I}}$

 複数の線がある中から、特定の図形の位置を正確にとらえ、ワーキングメモリに記憶する力を伸ばします。

見本

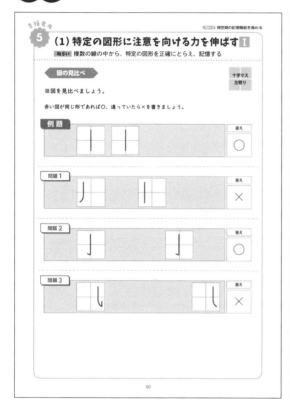

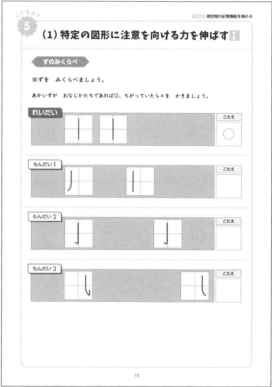

やり方

❶支援者は、「こどもようシート」を子どもの前に置きます。

❷支援者は、比較する2つの図と解答欄とを指しながら「赤い図が同じだったら、ここに〇を書いてください。違ったら×を書いてください」と指示します。やり方をわかっている子どもの場合は、一人で取り組んでも構いません。

❸子どもは、図形の形を比べて、同じか違うか判断します。

❹正解の場合は、支援者が〇をつけて褒めます。

❺不正解の場合は、「もう1回見てみましょう」などと、再注目を促します。それでも気づかないようなら、マス内の十字線との関係性を見る、指を当てて線の長さを比べてみるなどの補助となる方法を教えます。その方法で正解がわかれば、支援者は解答欄に〇をつけて褒めます。

❻わからなかった場合は、子どものがんばりを褒め、次の問題に進みます。

❼他の問題が見えると混乱し、集中することが難しい子どもには、シートを折って行います。

ポイント

●シートは、比較するマスの位置が、①左寄り、②右寄り、③上寄りの3種類あります。①は右利き、②は左利きの子どもが左右に視線を移動して比較する力を育てることを目的にしています。③は上下に視線を移動して比較する力を育てることを目的にしています。

●文字は線の組み合わせです。とくに漢字を覚えるときには、四角（マス）内の十字線との位置関係を覚えることが必要になります。また2画以上の漢字では、線と線との位置関係を覚えることも必要になります。

●このトレーニングでは、小学校で使用するような十字線の入った四角（マス）と、

対角線の入ったマスの中にある直線の位置を覚えます。線の数がたくさんある
ため、覚えるのが難しくなります。こうしたイメージ（知識）を頭の中（長期
記憶）に入れられるようになると、ノートのマス目からはみ出さないように文
字を書くことや、画数が多い漢字を覚えることの支えになります。

● このトレーニングでは、22mm × 22mm の四角を使用しています。この大きさ
は、小学 1 年生が使うノートのマスの大きさの 1 つです。また、四角の間の距
離は、少しずつ広がっていきます。比べる四角同士の距離が長くなるほど、線
の位置を頭の中に覚えていなければならない時間が長くなるので、難しくなり
ます。短い距離から始め、だんだん距離を伸ばして、長い距離でも覚えられる
ようにトレーニングしていきます。

かいせつ

● ここでのトレーニングではマス内の十字線との交点など、必要な情報を頭の中
で取捨選択することも必要となります。

● 子どもがうまくできないときは、線を意味のあるまとまりにするなど、情報の
選び方を教えます（68 ページ参照）。

トレーニング一覧

❺ 特定の図形に注意を向ける力を伸ばす Ⅰ			
支援者用シート（13 枚）		**こどもようシート（13 枚）**	
(1) 〜 (3)	図の見比べ 例題／問題 1 〜 14 （十字マス・左寄り）	(1) 〜 (3)	ずのみくらべ れいだい／もんだい 1 〜 14 （十字マス・ひだりより）
(4) 〜 (5)	図の見比べ 例題／問題 15 〜 25 （十字マス・右寄り）	(4) 〜 (5)	ずのみくらべ れいだい／もんだい 15 〜 25 （十字マス・みぎより）
(6) 〜 (7)	図の見比べ 例題／問題 26 〜 36 （十字マス・上寄り）	(6) 〜 (7)	ずのみくらべ れいだい／もんだい 26 〜 36 （十字マス・うえより）
(8) 〜 (9)	図の見比べ 例題／問題 37 〜 47 （対角線マス・左寄り）	(8) 〜 (9)	ずのみくらべ れいだい／もんだい 37 〜 47 （対角線マス・ひだりより）
(10) 〜 (11)	図の見比べ 例題／問題 48 〜 58 （対角線マス・右寄り）	(10) 〜 (11)	ずのみくらべ れいだい／もんだい 48 〜 58 （対角線マス・みぎより）
(12) 〜 (13)	図の見比べ 例題／問題 59 〜 69 （対角線マス・上寄り）	(12) 〜 (13)	ずのみくらべ れいだい／もんだい 59 〜 69 （対角線マス・うえより）

2つの形を比べる：
図の形を覚える力を伸ばす Ⅰ

ねらい 図の形を正確にとらえ、ワーキングメモリに記憶する力を伸ばします。

 **見本**

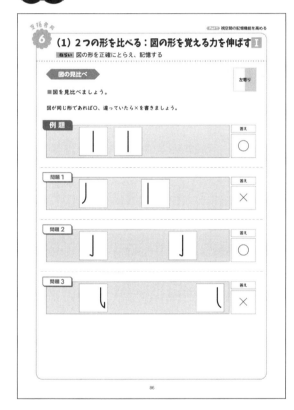

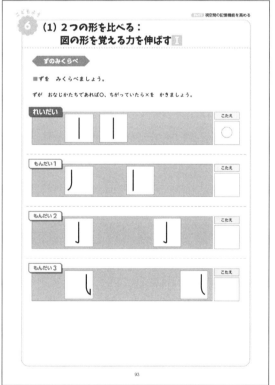

❶支援者は、「こどもようシート」を子どもの前に置きます。

❷支援者は、「図が２つありますね。見比べてください」と指示し、「２つの形は同じですか。違いますか」と質問します。

❸比較する四角２つと解答欄とを指さしながら「同じだったら、ここに〇を書いてください。違ったら×を書いてください」と指示します。やり方をわかっている子どもの場合は、一人で取り組んでも構いません。

❹正解の場合は、支援者は解答欄に〇をつけます。また、「じっと目を向けて、同じか違うかを考えていましたね」などと、子どもができていた行動を褒めます。

❺不正解の場合は、指で線を１回ずつなぞってみる、注目するべきところに支援者が印をつける、指を当てて線の長さを比べてみる、などのヒントを与えます。その後、もう一度「同じですか。違いますか」と問いかけます。違いに気づけたら、「指を使ったら、違いがわかりましたね」などと行動を言語化して伝え、〇をつけます。気づけなかった場合は、「この問題は終わりです」と言ってシート全体に〇をし、次の問題を行います。

❻他の問題が見えると混乱し、集中することが難しい子どもには、シートを折って行います。

ポイント

●シートは、比較するマスの位置が、①左寄り、②右寄り、③上寄りの３種類あります。①は右利き、②は左利きの子どもが左右に視線を移動して比較する力を育てることを目的にしています。③は上下に視線を移動して比較する力を育てることを目的にしています。

●漢字は線の組み合わせです。漢字を覚えるときには、線の形、とめ、はね、はらいなどの細かい形を覚える必要があります。

● 線の数が多いほど覚えるのが難しくなります。少ない本数から始め、漢字の一部となるパーツ（例：貝なら「ロ二ハ」または「目ハ」など）のイメージ（知識）を頭の中（長期記憶）に入れておくと、漢字を覚えるときの参考になります。

● このトレーニングでは、比べる図の四角（マス）同士の距離が少しずつ広がっていきます。比べる四角同士の距離が長くなるほど、線の位置を頭の中に覚えていなければならない時間が長くなるので、難しくなります。

● 短い距離から始め、だんだん距離を伸ばして、長い距離でも覚えられるようにトレーニングしていきます。

● 答えが違っていても、子どもが図の形を覚えようとがんばっていたときは「がんばって考えていましたね」などとチャレンジする姿勢を褒めます。

かいせつ

● 図の形を、1つの意味のあるまとまりとして認識できるようになることが大事です。まとまりとして認識できていないと、形を構成する線を個別に覚えておく必要があり（例：「ロ」という漢字だと、4本の線の位置をそれぞれ覚えておかなくてはならず覚える情報が4倍になる）、覚える情報が増えて記憶に負荷がかかるため正確に再生しづらくなります。逆に言えば、ロとして1つのまとまりとして認識できると、複雑な形でも反復（保持）しやすくなります。

トレーニング一覧

❻ 2つの形を比べる：図の形を覚える力を伸ばす Ⅰ	
支援者用シート（7枚）	**こどもようシート（7枚）**
（1）〜（3）　図の見比べ 例題／問題 1〜14 （左寄り）	（1）〜（3）　ずのみくらべ れいだい／もんだい 1〜14 （ひだりより）
（4）〜（5）　図の見比べ 例題／問題 15〜25 （右寄り）	（4）〜（5）　ずのみくらべ れいだい／もんだい 15〜25 （みぎより）
（6）〜（7）　図の見比べ 例題／問題 26〜36 （上寄り）	（6）〜（7）　ずのみくらべ れいだい／もんだい 26〜36 （うえより）

7

特定の図形に
注意を向ける力を伸ばす Ⅱ

 複数の線がある中から、特定の図形の位置を正確にとらえ、ワーキングメモリに記憶する力を伸ばします。

見本

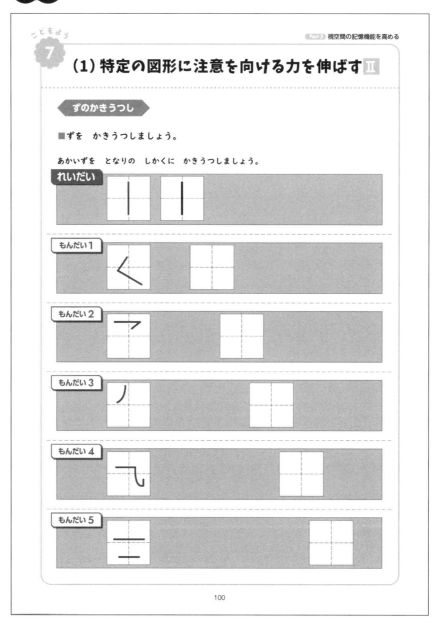

やり方

❶支援者は、「こどもようシート」を子どもの前に置きます。

❷支援者は、見本が書かれた四角（マス）と、そのとなりにある何も書いていないマスを指さしながら「赤い図をこちらに書き写してください」と指示します。やり方をわかっている子どもの場合は、一人で取り組んでも構いません。

❸支援者は、大きなずれ・はみだしや、短すぎるところがないか、またマス内の点線との交点に大きなずれがないかを確認します。正解の場合は、子どもが書いた形に○をつけて褒めます。

❹不正解の場合は、「もう１回書いてみましょう」などと伝え、再度書くように指示します。それでも変わらないようなら、マスの点線との関係性を見る、指を当てて線の長さを比べてみるなどのヒントを与えます。その方法で正確に書ければ、子どもが書いた形に○をつけて褒めます。わからなかった場合は、子どものがんばりを褒め、次の問題に進みます。

❺他の問題が見えると混乱し、集中することが難しい子どもには、シートを折って行います。

● シートは、比較するマスの位置が、①左寄り、②右寄り、③上寄りの３種類あります。①は右利き、②は左利きの子どもが左右に視線を移動して比較する力を育てることを目的にしています。③は上下に視線を移動して比較する力を育てることを目的にしています。

● このトレーニングでは、小学校で使用するような十字線の入った四角（マス）と、対角線の入ったマスの中にある直線の位置を覚えます。線の数がたくさんあるため、覚えるのが難しくなります。こうしたイメージ（知識）を頭の中（長期記憶）に記憶していると、ノートのマス目からはみ出さないように文字を書くことや、画数が多い漢字を覚える際の支えになります。

● このトレーニングでは、22mm × 22mm の四角を使用しています。この大きさは、小学１年生が使うノートのマスの大きさの１つです。また、四角の間の距離は、少しずつ広がっていきます。比べる四角同士の距離が長くなるほど、線の位置を頭の中に覚えていなければならない時間が長くなるので、難しくなります。短い距離から始め、だんだん距離を伸ばして、長い距離でも覚えられるようにトレーニングしていきます。

● 書き直しや消すことをいやがる子どもの場合は、シートを複数印刷しておき、まっさらなシートを用意します。

かいせつ

● 文字は線の組み合わせです。とくに漢字を覚えるときには、四角（マス）内の点線との位置関係、2画以上の漢字では、線と線との位置関係を覚えることが必要になります。

● ここでのトレーニングではマス内の点線との交点など、必要な情報を頭の中で取捨選択することも必要となります。

● 子どもがうまくできないときは、線を意味のあるまとまりにするなど、情報の選び方を教えます（68ページ参照）。

トレーニング一覧

支援者用シート	⑦特定の図形に注意を向ける力を伸ばすⅡ
	こどもようシート（12枚）
	（1）～（2）　ずのかきうつし れいだい／もんだい1～11（十字マス・ひだりより）
	（3）～（4）　ずのかきうつし れいだい／もんだい12～22（十字マス・みぎより）
	（5）～（6）　ずのかきうつし れいだい／もんだい23～33（十字マス・うえより）
	（7）～（8）　ずのかきうつし れいだい／もんだい34～44（対角線マス・ひだりより）
	（9）～（10）　ずのかきうつし れいだい／もんだい45～55（対角線マス・みぎより）
	（11）～（12）　ずのかきうつし れいだい／もんだい56～66（対角線マス・うえより）

2つの形を比べる：
図の形を覚える力を伸ばす Ⅱ

 図の形を正確にとらえ、記憶する力を伸ばします。

見本

こどもよう
8 **（1）2つの形を比べる：**
    図の形を覚える力を伸ばす Ⅱ

Part 2 視空間の記憶機能を高める

> **ずのかきうつし**

■ずを　かきうつしましょう。

ずを　となりの　しかくに　かきうつしましょう。

れいだい

| | |

もんだい1

もんだい2

もんだい3

112

やり方

❶支援者は、「こどもようシート」を子どもの前に置きます。

❷支援者は、指さしながら「四角（マス）の中に図形があります。よく見てください」と伝えます。次に、もう１つの四角を指さしながら、「四角の中の同じところに図形を書き写してください」と指示します。やり方をわかっている子どもの場合は、一人で取り組んでも構いません。

❸子どもは、位置が同じになるように、図形を書き写します。

❹支援者は、「もう一度見てください。うまく書き写せましたか？」と質問します。

❺正解の場合は、子どもの書いた形に○をつけます。また、「どこに線を引いたらよいか、よく見て考えていましたね」などと子どもができていた行動を褒めます。

❻不正解の場合は、指で線を１本ずつなぞってみる、注目すべきところに支援者が印をつける、指を当てて線の長さを比べてみる、などのヒントを与えます。違いに気づけたら、「直しますか？」などと問いかけ、修正を促します。また「指を使ったら、違いがわかりましたね」などと行動を言語化して伝え、書き直した線に○をします。気づけなかった場合は、「この問題は終わりです」などと言ってシート全体に○をし、次の問題を行います。

❼他の問題が見えると混乱し、集中することが難しい子どもには、シートを折って行います。

ポイント

●シートは、比較するマスの位置が、①左寄り、②右寄り、③上寄りの３種類あります。①は右利き、②は左利きの子どもが左右に視線を移動して比較する力を育てることを目的にしています。③は上下に視線を移動して比較する力を育てることを目的にしています。

●漢字は線の組み合わせです。漢字を覚えるときには、線の形、とめ、はね、はらいなどの細かい形を覚える必要があります。

●このトレーニングでは、比べる線の四角同士の距離が少しずつ広がっていきます。比べる四角同士の距離が長くなるほど、線の位置を頭の中で覚えていなければならない時間が長くなるので、難しくなります。短い距離から始め、だんだん距離を伸ばして、長い距離でも覚えられるようにトレーニングしていきます。

●答えが違っていても、子どもが同じ位置に線を書こうとがんばっていたときは「よく見て書こうとしていましたね」などとチャレンジした姿勢を褒めます。

かいせつ

●漢字を見て、正確に書き写すためには、線の位置をワーキングメモリに正確に保持する必要があります。見本から書く場所へと視線を移動する間だけではなく、手を動かして線を書いている間も、線の位置を正確に頭の中に反復（保持）することが必要です。

●複数の線を、1つのまとまりとして認識できると、反復しやすくなり、書き写しが容易になります。

●子どもがうまくできないときは、線を意味のあるまとまりにしたり、情報の選び方を教えます（68ページ参照）。

トレーニング一覧

支援者用シート	❽ 2つの形を比べる：図の形を覚える力を伸ばすⅡ
	こどもようシート（7枚）
	（1）〜（3）　ずのかきうつし れいだい／もんだい 1〜14（ひだりより）
	（4）〜（5）　ずのかきうつし れいだい／もんだい 15〜25（みぎより）
	（6）〜（7）　ずのかきうつし れいだい／もんだい 26〜36（うえより）

文の中から特定の文字に注意を向ける力を伸ばす I

 文の中から特定の文字に注意を向け、ワーキングメモリに保持しつつ、処理を行う力を伸ばします。

見本

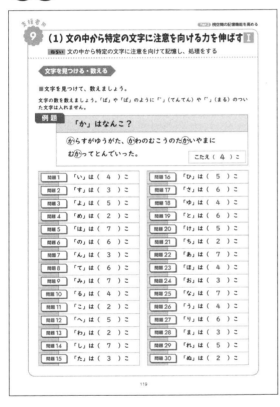

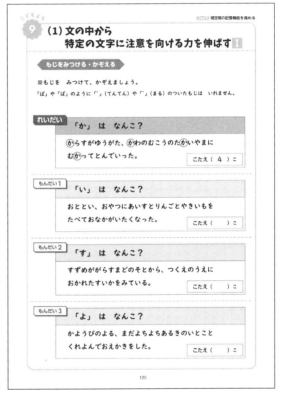

❶支援者は、「こどもようシート」を子どもの前に置きます。

❷支援者は、問題を指さしながら、「『か』（数えるよう指示されている文字）が、この文章に何個あるか数えてください。その数を（　）に書いてください」と指示します。やり方をわかっている子どもの場合は、一人で取り組んでも構いません。

❸支援者は、数が合っているかを確認します。正解の場合は、○をつけて褒めます。

❹不正解の場合は、「もう1回数えてみてください」と伝え、再度数えることを提案します。それでも変わらないようなら、子どもに、文字に1つひとつ○をつける、指さすなどのヒントを与えます。その方法で正確に数えられれば、支援者は○をつけて褒めます。わからなかった場合は、一緒に数えて正解を確認した上で子どものがんばりを褒め、次の問題に進みます。

❺他の問題が見えると混乱し、集中することが難しい子どもには、シートを折って行います。

ポイント

●言葉は文字の組み合わせです。読み飛ばしや見落としがあると、正確に読めません。また、言葉を誤って覚えてしまうことにもつながります。

●このトレーニングでは、特定の文字をワーキングメモリに保持しつつ探します。見逃しがないか繰り返し読みかえしたり、文字を覚えつつ数えたりという同時処理の練習をするのに適しています。

●問題文に書いてある通り、濁音や半濁音は数えません。

かいせつ

● 文字を数えるためには、その文字の音またはイメージをワーキングメモリに保持しながら、文の中の同じ文字を順番に数えるという同時処理をする必要があります。

● 子どもがうまくできないときは、どこまで数えたのかをわかりやすくしたり、探す文字を目立たせたりして保持する工夫を教えます。

トレーニング一覧

❾ 文の中から特定の文字に注意を向ける力を伸ばす Ⅰ	
支援者用シート（1枚）	**こどもようシート（8枚）**
（1）文字を見つける・数える 例題／解答 1〜30	（1）〜（8）もじをみつける・かぞえる れいだい／もんだい 1〜30

10

文の中から特定の文字に
注意を向ける力を伸ばす Ⅱ

　文の中から特定の文字に注意を向け、ワーキングメモリに保持しつつ、処理を行う力を伸ばします。

見本

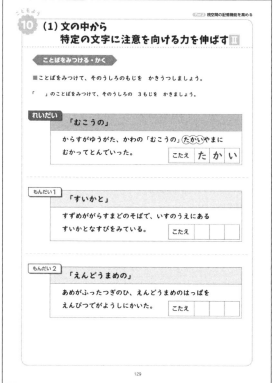

やり方

❶支援者は、「こどもようシート」を子どもの前に置きます。

❷支援者は、問題を指さしながら「『むこうの（探すよう指示されている言葉）』が、この文章のどこにあるか探して、その後ろの3文字を解答欄に書いてください」と指示します。やり方をわかっている子どもの場合は、一人で取り組んでも構いません。

❸支援者は、答えが合っているかを確認します。正解の場合は、解答欄に○をつけて褒めます。

❹不正解の場合は、「もう1回よく見てください」と伝え、再度見返すように指示します。それでも正解しないなら、探すよう指示された言葉を指さす、線を引く、3文字の1つずつに○をするなどのヒントを与えます。その方法で正答できれば、支援者は解答欄に○をつけて褒めます。わからなかった場合は、一緒に考えて正解を伝えた上で、子どものがんばりを褒め、次の問題に進みます。

❺他の問題が見えると混乱し、集中することが難しい子どもには、シートを折って行います。

ポイント

●言葉は文字の組み合わせです。読み飛ばしや見落としがあると、正確に読めません。言葉を誤って覚えてしまうことにもつながります。

●このトレーニングでは、言葉をワーキングメモリに保持しつつ探すので、見逃しがないか繰り返し読みかえすことや、言葉を覚えつつ読んでいくという同時処理の練習をするのに適しています。

●このトレーニングでは、指定された言葉の直後の3文字を書き写します。そのまま指定された言葉を書く、直前の3文字を書くなどのミスが連発していれば、指示の理解ができていないか、指示を覚え続けるのが難しいことを意味します。

普段から、前者ならばもっとやさしく説明することが、後者ならば指示を忘れたときにこまめに伝えるなどの支援が必要になります。

かいせつ

● 文字を数えるためには、その文字の音またはイメージをワーキングメモリに保持しながら、文の中の同じ文字を順番に数えるという同時処理をする必要があります。

● 子どもがうまくできないときは、どこまで数えたのかをわかりやすくしたり、探す言葉を目立たせたりして保持する工夫を教えます。

トレーニング一覧

❿ 文の中から特定の文字に注意を向ける力を伸ばす Ⅱ	
支援者用シート（1枚）	**こどもようシート（7枚）**
（1） 言葉を見つける・書く 例題／解答 1～20	（1）～（7） ことばをみつける・かく れいだい／もんだい 1～20

文字の細部に注意を向ける力を伸ばす

ねらい 文字の細部に注意を向けるという、正確に文字を書くための基礎となる力を伸ばします。

見本

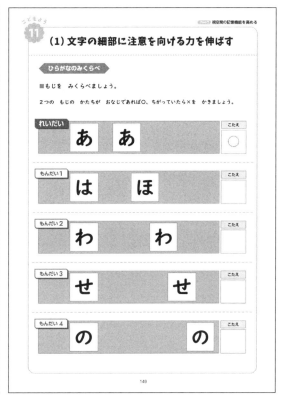

❶支援者は、「こどもようシート」を子どもの前に置きます。

❷支援者は、比較する四角（マス）2つと解答欄とを指さしながら「2つの文字が同じだったら、ここに〇を書いてください。違ったら×を書いてください」と指示します。やり方をわかっている子どもの場合は、一人で取り組んでも構いません。

❸子どもは、文字を比べて、同じか違うか判断します。

❹正解の場合は、支援者は解答欄に〇をつけて褒めます。不正解の場合は、「もう1回見てみましょう」と伝え、再注目を促します。それでも気づかないようなら、違う部分に指を当てるなどのヒントを与えます。その方法で正解がわかれば、支援者は〇をつけて褒めます。わからなかった場合は、子どものがんばりを褒め、次の問題に進みます。

❺他の問題が見えると混乱し、集中することが難しい子どもには、シートを折って行います。

ポイント

●文字は線の組み合わせです。線の位置や、線と線との位置関係を覚えることが必要になります。

●このトレーニングでは、22mm × 22mm の四角を使用しています。この大きさは、小学1年生が使うノートのマスの大きさの1つです。また、四角の間の距離は、少しずつ長くなっていきます。比べる四角同士の距離が長くなるほど、線の位置を頭の中に覚えていなければならない時間が長くなるので、難しくなります。短い距離から始め、だんだん距離を伸ばして、長い距離でも覚えられるようにトレーニングしていきます。

かいせつ

● 比較のためには、線の位置や線と線の位置関係をワーキングメモリに正確に保持（記憶）する必要があります。比較対象へと視線を移動する間、線の位置や線と線との位置関係を正確に保持することができなければ、比較はできません。

● 子どもがうまくできないときは、線を意味のあるまとまりにしたり、情報の選び方を教えます（68 ページ参照）。

トレーニング一覧

⑪ 文字の細部に注意を向ける力を伸ばす	
支援者用シート（13 枚）	**こどもようシート（13 枚）**
（1）～（3）　ひらがなの見比べ 例題／問題 1 ～ 12	（1）～（3）　ひらがなのみくらべ れいだい／もんだい 1 ～ 12
（4）～（6）　カタカナの見比べ 例題／問題 13 ～ 24	（4）～（6）　カタカナのみくらべ れいだい／もんだい 13 ～ 24
（7）～（9）　ひらがなとカタカナの見比べ 例題／問題 25 ～ 36	（7）～（9）　ひらがなとカタカナのみくらべ れいだい／もんだい 25 ～ 36
（10）～（13）　漢字の見比べ 例題／問題 37 ～ 52	（10）～（13）　かんじのみくらべ れいだい／もんだい 37 ～ 52

12

数えたものの位置と形を覚える力を伸ばす Ⅰ

ねらい ものを数えて、位置と形を覚える力を伸ばします。

見本

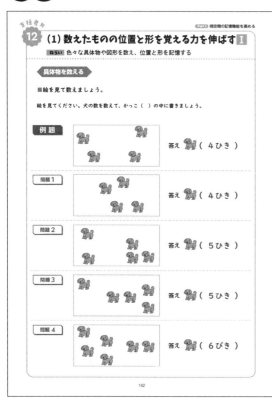

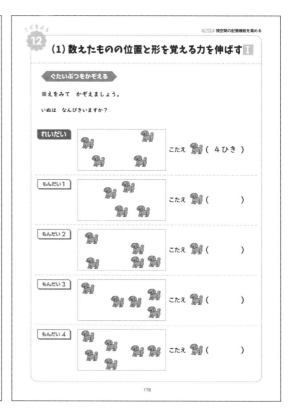

やり方

❶ 支援者は「こどもようシート」を子どもの前に置きます。

❷ 支援者は、問題を指さしながら、「絵を見てください。○○は何匹いますか。○○はいくつありますか」などと質問します。

❸ 子どもが答えた数を解答欄に記入します。

❹ 支援者と子どもは、絵を一緒に指さしながら、声を出して、絵を数えます。このとき、数え終わったものは○などの印をつけていきます。子どもの答えが正解の場合は○、不正解の場合は正しい答えを赤で記入します。そして、○などの印をつけたものに数字を書くなどして、子どもの気づきを促します。

❺ 他の問題が見えると混乱し、集中することが難しい子どもには、シートを折って行います。

ポイント

● ものを適切に数えるためには、数え終わったものを覚えておく必要があります。例えば、いぬが複数の場合、数え終わったいぬの位置を覚えておかないと、同じいぬを2度数えてしまうという間違いが生じます。いぬとねこを一緒に数える場合は、どのいぬとどのねこを数え終わったか（数え終わったものの形と位置）を覚えておく必要があります。

● このトレーニングの数える対象は、①具体物1種類、②具体物複数種類、③抽象的な図形1種類、④抽象的な図形複数種類の4つがあります。

● ①から④へと進むにつれて、覚えておくものの情報が多くなり、また、無視する必要のある情報も多くなり、難しくなります。

● 子どもの努力をどんどん褒めましょう。「がんばりました」など、努力を褒めることは、子どもの脳を伸ばすのに効果的です。

● ものを数えるためには、数え終わったものを記憶しておき、2度数えないようにする必要があります。「いぬ」のような具体物の場合、数え終わったものを覚えておくことは比較的容易ですが、図形のように抽象的な形になると、他の図形と混同しやすくなり、数え終わったものの形と位置を正確に覚えておくためには、工夫が必要です。例えば、左から順番に数え、数え終わったところに手を置いておくなどです。

● また、複数のものがある中から特定のもの、例えば、いぬとねこの中から、いぬだけを数えるとき、関係のない対象であるねこを無視する必要があります。つまり、そこに注意が向くのを抑制する必要があります。

● 注意を適切にコントロールして、系統的に数えたり、数えたものに印をつけるなどの方法をとると、正確に数えることができるようになります。

トレーニング一覧

⑫ 数えたものの位置と形を覚える力を伸ばす Ⅰ	
支援者用シート（16枚）	**こどもようシート（16枚）**
（1）～（3） **具体物を数える** 例題／問題1～14	（1）～（3） **ぐたいぶつをかぞえる** れいだい／もんだい1～14
（4）～（6） **数種類の具体物を数える** 例題／問題15～28	（4）～（6） **すうしゅるいのぐたいぶつをかぞえる** れいだい／もんだい15～28
（7）～（9） **図形を数える** 例題／問題29～42	（7）～（9） **ずけいをかぞえる** れいだい／もんだい29～42
（10）～（12） **数種類の図形を数える** 例題／問題43～56	（10）～（12） **すうしゅるいのずけいをかぞえる** れいだい／もんだい43～56
（13）～（14） **色々な具体物を数える** 問題57～66	（13）～（14） **いろいろなぐたいぶつをかぞえる** もんだい57～66
（15）～（16） **色々な図形を数える** 問題67～76	（15）～（16） **いろいろなずけいをかぞえる** もんだい67～76

数えたものの位置と形を
覚える力を伸ばす Ⅱ

ねらい ものを数えて位置と形を覚える力を伸ばし、数えた数でものの量を
判断する力を伸ばします。

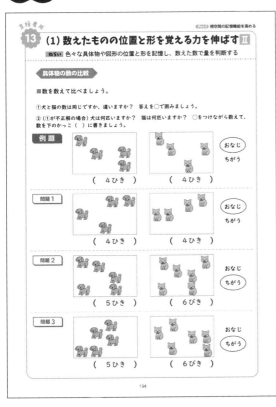

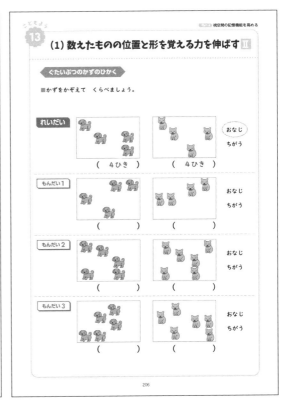

❶ 支援者は「こどもようシート」を子どもの前に置きます。

❷ 支援者は、問題を指さしながら、「絵を見てください。○○と××の数は同じですか。違いますか」などと質問します。

❸ 子どもが正しく答えたら褒めます。間違ってもそのことを指摘しません。

❹「○○は何匹いますか？（○○はいくつありますか？）××は何匹いますか？（××はいくつありますか？）」など、対象によって言い方を変えます。

❺ できなかった場合は、絵を一緒に指さしながら数え、数え終わったものは○をつけていき、答えを解答欄に記入します。

❻ 解答欄に記入した2つの数を指さして、「同じですか？　違いますか？」と質問します。

❼ 他の問題が見えると混乱し、集中することが難しい子どもには、シートを折って行います。

ポイント

● このトレーニングは、⓬のトレーニングをより複雑にしたものです。⓬では、ものの数を答えて終わりでしたが、このトレーニングは、2種類のものを数えて、それらの数を比較する問題です。見かけに惑わされずに、数えた数に基づいてものの量を比較し、判断するという力が求められます。

かいせつ

● 数は、ものの集合の属性の1つです。4くらいまでの数は、直感的に把握することができますが、それ以上の数は、数えないとわかりません。

● 4以上の集合について、子どもは、おおよその数を見ただけで把握し、2つの集合の大小が少なくとも2倍以上異なるときは、直感的に大小を判断できることが研究からわかっています。

● この直感的な判断が正確であるほど、算数のスキルが上達することも研究からわかっています。

● このトレーニングでは、数えることで、2つの集合の数の大小を正確に判断するとともに、集合の数の大小を直感的に見分ける力を養うことを目的としています。

トレーニング一覧

⑬ 数えたものの位置と形を覚える力を伸ばす Ⅱ			
支援者用シート（12枚）		こどもようシート（12枚）	
（1）～（6）	具体物の数の比較 例題／問題 1 ～ 23	（1）～（6）	ぐたいぶつのかずのひかく れいだい／もんだい 1 ～ 23
（7）～（12）	図形の数の比較 例題／問題 24 ～ 46	（7）～（12）	ずけいのかずのひかく れいだい／もんだい 24 ～ 46

14

量のイメージを保持しながら
量を操作する力を伸ばす Ⅰ

 **ねらい** 図の量を正確にとらえ、ワーキングメモリで量を操作する力を伸ばします。

見本

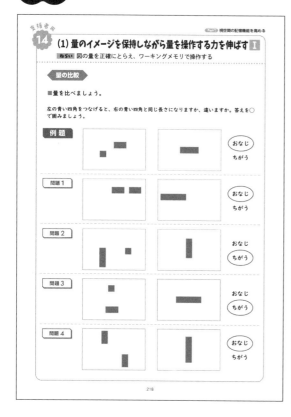

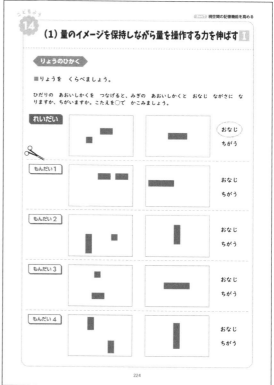

やり方

❶ 支援者は「こどもようシート」を子どもの前に置きます。「こどもようシート」はできるだけ大きな紙（B4 か A3）に印刷します。

❷「こどもようシート」に書かれた図形を、1題ずつ横の点線で切り離します。

❸ 左右2つの枠の中の図を指さしながら、以下のように質問をします。
　①左の青い四角と右の青い四角を見てください。
　②左の青い四角をつなげると、右の青い四角と同じ長さになりますか、違いますか。

❹ 正しく答えたら、褒めます。間違ってもそのことを指摘せず、❺に進みます。

❺ 図①のように、左側の図の青い四角をはさみで切ります。切り取った左側の四角を、右側の四角のそばに並べて、比べます。

❻ 子どもが違いに気づけたら、「もう一度考えてみましょう」などと伝え、修正を促します。修正できたら、褒めて、次の問題に進みます。

図①

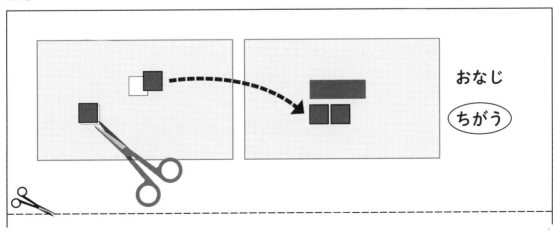

- 左側の図が 2 分割から始まり、3 分割、4 分割と、ワーキングメモリ内で操作する図（量）の数をだんだん増やしていきます。実際に左側の図を切り取り、解答後、右側の図のそばに並べて比べることで、子どもが頭の中で図と量のイメージを保持し、操作できるようにトレーニングしていきます。

- 図の数が多くなるほど、図の量のイメージを頭の中で保持し、操作する時間が長くなるので、覚えるのが難しくなります。

- 不正解の場合でも、子どもが真剣に取り組んでいたときは「今、がんばっていましたね」などと子どもの努力を褒めましょう。

かいせつ

- 例えば、「3 + 4」の加算を解くには、ワーキングメモリ内で 3 の大きさのイメージと 4 の大きさのイメージを加え、7 の量になることを操作する必要があります。子どもは、小学校入学前後、足し算を指を用いて行うことがありますが、指は、ワーキングメモリ内の量を表現し、操作するための道具ということになります。ワーキングメモリ内で量を操作することができないと、いつまでも手の指を使って計算をすることになります。このトレーニングでは、ワーキングメモリ内で、量を操作するトレーニングを行い、小学校での足し算の学習の基礎を養います。

トレーニング一覧

🄖 量のイメージを保持しながら量を操作する力を伸ばす Ⅰ	
支援者用シート（6枚）	こどもようシート（6枚）
(1)〜(6) 量の比較 例題／問題 1〜29	(1)〜(6) りょうのひかく れいだい／もんだい 1〜29

量のイメージを保持しながら
量を操作する力を伸ばす Ⅱ

ねらい ものを加えるイメージをワーキングメモリで保持しながら、量を操作する力を伸ばします。

見本

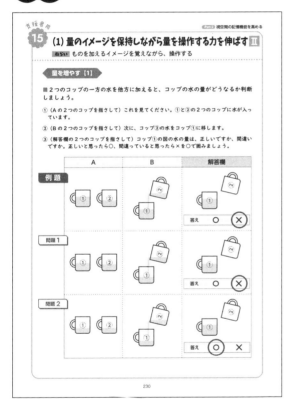

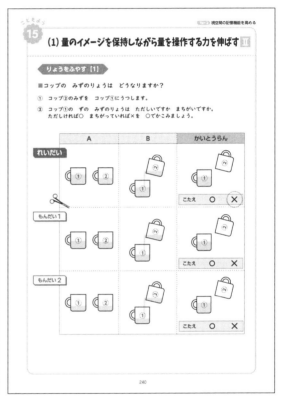

❶支援者は「こどもようシート」を子どもの前に置きます。「こどもようシート」はできるだけ大きな紙（B4 か A3）に印刷し、1 題ずつ横の点線で切り離しておきます。また、「りょうをふやす【3】」のワークシートについては、縦の点線でも切り離しておきます。

❷「こどもようシート」には、2 つのコップが時間とともに経過する場面が描かれています。A、B、解答欄の 2 つのコップ（①と②）の図を指さしながら、❸〜❺のように質問を行います。

❸ A の 2 つのコップを指さして、「これを見てください。①と②の 2 つのコップに水が入っています」と伝えます。

❹ B の 2 つのコップを指さして、「次に、コップ②の水をコップ①に移します」と言います。

❺・「量を増やす【1】」では、解答欄のコップ①を指さして、「コップ①の水の量は正しいですか、間違いですか。正しいと思ったら○、間違っていると思ったら×を囲みましょう」と指示します。
　・「量を増やす【2】」では、解答欄のコップ①を指さして、「コップ①の水の量はどうなっていますか。線をコップ①に書き込んでください」と指示します。
　・「量を増やす【3】」では、解答欄のシートのみを子どもに見せて、「コップ①の水の量はどうなっていますか。線をコップ①に書き込んでください」と指示します。

❻支援者は、子どもが正しく答えたら、褒めます。間違っていたら、子どもに「もう一度考えてみましょう」などと伝え、修正を促します。修正できたら褒めて、次の問題に進みます。

ポイント

●このトレーニングでは、ワーキングメモリ内で、水の量のイメージを保持することに加えて、量の増減を予測する力を伸ばします。

「量を増やす【1】」では、Aの図が、イメージの操作の手がかりになります。

「量を増やす【2】」では、加えたイメージをワーキングメモリ内で構成する必要があります。ただし、もともとの量（Aの2つのコップ）とBの途中経過の量をいつでも確認することができます。

「量を増やす【3】」では、もともとの量（Aの2つのコップ）とBの途中経過の量をずっとイメージで保持しておく必要があり、認知負荷が高くなります。

●【2】でうまくできないとき、Aのコップ①と②の青い部分（水の量）を切り取り、それを見せて、考えさせます。

●【1】、【2】はできるが、【3】はうまくできないときは、A、Bの図を繰り返し見せます。

かいせつ

●トレーニング⓮と同様、このトレーニングでは、ワーキングメモリ内で、量を操作するトレーニングを行い、小学校での足し算の学習の基礎を養います。

トレーニング一覧

⑮ 量のイメージを保持しながら量を操作する力を伸ばす Ⅱ	
支援者用シート（10枚）	**こどもようシート（10枚）**
（1）〜（3） 量を増やす【1】 例題／問題1〜10	（1）〜（3） りょうをふやす【1】 れいだい／もんだい1〜10
（4）〜（6） 量を増やす【2】 例題／問題11〜20	（4）〜（6） りょうをふやす【2】 れいだい／もんだい11〜20
（7）〜（10） 量を増やす【3】 例題／問題21〜30	（7）〜（10） りょうをふやす【3】 れいだい／もんだい21〜30

16

量のイメージを保持しながら
量を操作する力を伸ばす Ⅲ

ねらい ものを減らすイメージをワーキングメモリで保持しながら、量を操作する力を伸ばします。

見本

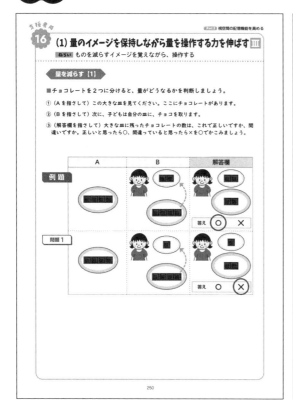

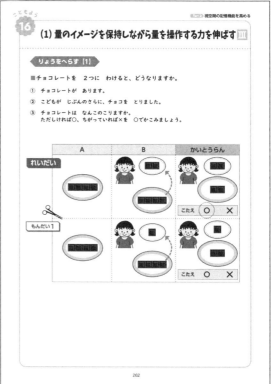

やり方

❶支援者は、「こどもようシート」を子どもの前に置きます。「こどもようシート」は、できるだけ大きな紙（B4かA3）に印刷し、1題ずつ横の点線で切り離しておきます。また、「りょうをへらす【3】」のワークシートについては、縦の点線でも切り離しておきます。

❷「こどもようシート」には、皿とチョコレートが時間とともに経過する場面が描かれています。A、B、解答欄の皿の図を指さしながら、以下の❸〜❺のように質問を行います。

❸（Aを指さして）「これを見てください。大きい皿にチョコレートがあります」

❹（Bを指さして）「次に、子どもは自分の皿にチョコレートを分けます」

❺・「量を減らす【1】」では、解答欄を指さして、「大きい皿に残ったチョコレートの数は、正しいですか、間違いですか。正しいと思ったら○、間違っていると思ったら×を囲みましょう」。

　・「量を減らす【2】」では、解答欄を指さして、「大きい皿にはチョコレートは何個残っていますか。チョコレートを書き込んでください」。

　・「量を減らす【3】」では、解答欄のシートのみを子どもに見せて、「大きいお皿のチョコレートの数はどうなっていますか。チョコレートを書き込んでください」。

❻支援者は、子どもが正しく答えたら褒めます。間違っていてもそのことを指摘せず、子どもに正解を示します。
　①Aのチョコレートの図と、Bの子どもが取り分けたチョコレートの図を、はさみで切り取って比べます。
　②子どもに、「もう一度考えてみましょう」などと伝え、修正を促します。修正できたら褒めて、次の問題に進みます。

● このトレーニングでは、ワーキングメモリ内で、チョコレートの一部を取り除き、残りの量をイメージさせます。

「量を減らす【1】」では、Ａの図が、イメージの操作の手がかりになります。

「量を減らす【2】」では、取り除いた残りのチョコレートのイメージをワーキングメモリ内で構成する必要があります。ただし、もとのチョコレートの量はシートでいつでも参照することができます。

「量を減らす【3】」では、シートを隠して操作するため、もとのチョコレートの量をずっと覚えておく必要があり、認知負荷が高くなります。

● うまくできないときは、Ａのチョコレートを切り取り、実際に子どもが取った部分を切り取り、残りを子どもに確かめさせます。

● 【3】でうまくできないときは、ＡとＢの図を繰り返し子どもに見せます。

かいせつ

● トレーニング⓯が加算のトレーニングであるのに対して、⓰は減算のトレーニングです。加減算は、イメージの操作に基づいています。イメージの操作がうまくできないと、子どもは、算数の計算をするときに、いつまでも指を用い続けます。指はワーキングメモリ内の量を表現し、操作するための道具ですが、それがワーキングメモリ内で操作できないと、記憶に基づいて正確に計算することができません。このトレーニングでは、ワーキングメモリ内で、量を操作するトレーニングを行い、小学校での減算の学習の基礎を養います。

トレーニング一覧

⑯ 量のイメージを保持しながら量を操作する力を伸ばす Ⅲ	
支援者用シート（12 枚）	**こどもようシート（12 枚）**
（1）～（4）　量を減らす【1】 　　　　　　例題／問題 1 ～ 10	（1）～（4）　りょうをへらす【1】 　　　　　　れいだい／もんだい 1 ～ 10
（5）～（8）　量を減らす【2】 　　　　　　例題／問題 11 ～ 20	（5）～（8）　りょうをへらす【2】 　　　　　　れいだい／もんだい 11 ～ 20
（9）～（12）　量を減らす【3】 　　　　　　例題／問題 21 ～ 30	（9）～（12）　りょうをへらす【3】 　　　　　　れいだい／もんだい 21 ～ 30

17

量のイメージを保持しながら
量を操作する力を伸ばす Ⅳ

2つにものを分けるイメージをワーキングメモリで保持しながら、
考える力を伸ばします。

見本

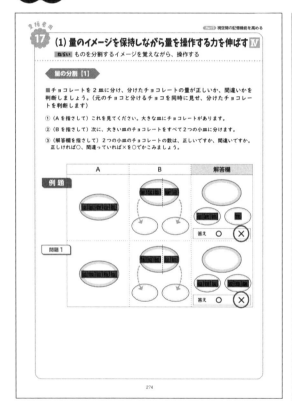

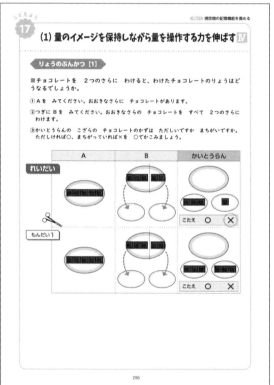

やり方

❶支援者は、「こどもようシート」を子どもの前に置きます。「こどもようシート」は、できるだけ大きな紙（B4 か A3）に印刷し、1 題ずつ横の点線で切り離しておきます。また、「りょうのぶんかつ【3】」のワークシートについては、縦の点線でも切り離しておきます。

❷「こどもようシート」には、いずれも皿とチョコレートが描かれた 3 つの場面があります。A、B、解答欄と場面が時間とともに経過するように描かれています。3 つの場面の皿の図を指さしながら、以下の❸〜❺のように質問を行います。

❸（Aを指さして）「これを見てください。大きい皿にチョコレートがあります」と伝えます。

❹（Bを指さして）「次に、小さい 2 つの皿にチョコレートを分けます」と言います。

❺・「量の分割【1】」では、解答欄を指さして、「2 つの小皿のチョコレートの数は、正しいですか、間違いですか。正しいと思ったら○、間違っていると思ったら×を○で囲みましょう」と指示します。
　・「量の分割【2】」では、解答欄を指さして、「2 つの小皿のチョコレートの数はどうなっていますか。チョコレートを書き込んでください」と指示します。
　・「量の分割【3】」では、解答欄のシートのみを子どもに見せて、「2 つの小皿のチョコレートの数はどうなっていますか。チョコレートを書き込んでください」と指示します。

❻支援者は、子どもが正しく答えたら褒めます。間違っていてもそのことを指摘せず、子どもに正解を示します。
　①Aのチョコレートの図を切り取り、子どもの目の前でBの図のようにチョコレートを分割し、解答欄の 2 つの小皿に置きます。
　②子どもに、「もう一度考えてみましょう」などと伝え、修正を促します。修正できたら褒めて、次の問題に進みます。

●このトレーニングでは、ワーキングメモリ内でチョコレートの量のイメージを覚えることに加えて、量の増減を予測する力を伸ばします。ここでの操作は、チョコレートの一部を取り除いて、残りのイメージに注目することです。
「量を分割する【1】」では、Aの図が、イメージの操作の手がかりになります。
「量を分割する【2】」では、Bのチョコレートをもとのチョコレートから切り取り、残りのチョコレートのイメージをワーキングメモリ内で構成する必要があります。ただし、もとのチョコレートの量は、シートでいつでも参照することができます。
「量を分割する【3】」では、シートをかくして操作するため、もとのチョコレートの量をずっと覚えておく必要があり、認知負荷が高くなります。

●うまくできないときは、Aのチョコレートを切り取り、Bで分割した残りの量を子どもに確かめさせます。

●【3】がうまくできないときは、AとBの図を、繰り返し子どもに見せます。

かいせつ

●子ども同士でお菓子などを相手に渡し、残りを自分で食べることは、日常生活で経験することです。このような経験を通して、子どもは量を取り除く操作、すなわち、減算の基礎を学びます。特定の分量で分ける練習をすることで、小学校での算数の基礎となる知識を学びます。

トレーニング一覧

⑰ 量のイメージを保持しながら量を操作する力を伸ばすⅣ	
支援者シート（12枚）	こどもようシート（12枚）
（1）～（4） 量の分割【1】 例題／問題1～10	（1）～（4） りょうのぶんかつ【1】 れいだい／もんだい1～10
（5）～（8） 量の分割【2】 例題／問題11～20	（5）～（8） りょうのぶんかつ【2】 れいだい／もんだい11～20
（9）～（12） 量の分割【3】 例題／問題21～30	（9）～（12） りょうのぶんかつ【3】 れいだい／もんだい21～30

18

時の経過による変化を
イメージする力を伸ばす

ねらい 時の経過による状況の変化について、ワーキングメモリ内でイメージする力を伸ばします。

見本

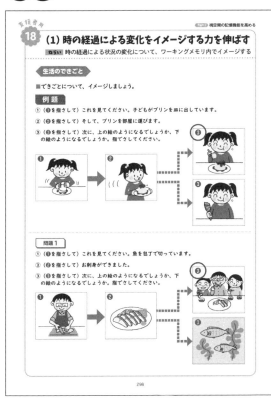

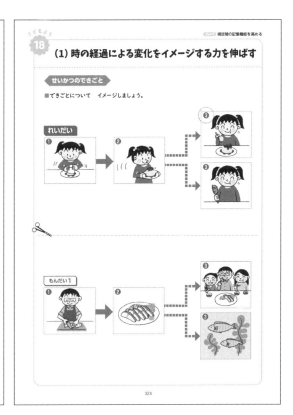

❶支援者は、「こどもようシート」を子どもの前に置きます。「こどもようシート」は、横の点線で切り離しておきます。

❷「こどもようシート」には、いずれも３つの場面があり、❶、❷、❸と、時の経過とともに変化する場面が描かれています。３つの絵を指さしながら、以下のように質問を行います。

（❶を指さして）「これを見てください。ここに〇〇が××しています」

（❷を指さして）「次に〇〇が××しました」

（❸を指さして）「次に〇〇はどうなりますか。上の絵のようになるでしょうか、下の絵のようになるでしょうか。指さしてください（丸で囲んでください）」

❸支援者は、子どもが正しく答えたら、褒めます。

❹間違っていたら、正しい方を指さして、「次はこうなりますよね」と順序を説明します。そして、次に進みます。

ポイント

●このトレーニングでは、時の経過による状況の変化についてワーキングメモリ内でイメージする力を伸ばします。いずれも普段、子どもが経験する「生活のできごと」「感情の変化」「ものの変化」の場面を取り上げています。

●子どもが、日常生活においてそれらの場面についての経験があれば、時の経過によりどのように変化するのかについての知識を自ずと習得しています。しかし、経験が少なく、社会的場面から他者の気持ちや表情を読み取ることが苦手な場合は、知識が乏しくなります。その場合は、時の経過によってどのような場面になるのかを、支援者が丁寧に説明します。

●「生活のできごと」「ものの変化」の場面については、絵本やスマホの動画などで関連するものを見つけて、子どもに見せるとよいでしょう。「生活のできごと」については、必ずしも想定通りに変化するとは限らないので、子どもが選択し

たとき、その理由を聞きましょう。「感情の変化」の場面については、同じような場面がいろいろあるので、子どもがよく経験する例を取り上げ、絵本などを用いて具体的な場面で子どもに説明するとよいでしょう。

かいせつ

● 子どもによっては、日常生活でこうした場面についての経験が乏しかったり、あるいはまったく経験していなかったり、経験したことがあるとしても、注意深く観察していなかったりします。そのような場合は、正しく予測することができません。子どもが順序の予想ができなかったり、説明がちぐはぐだったりした場合、絵本やスマホの動画など適切なものを見つけ、子どもと一緒に見て、観察しながら説明を加え、子どもの知識の習得を促します。

● 社会的場面から他者の気持ちや表情を読み取ることが苦手な子どもがいます。そのような子どもは、仲間とトラブルを抱えることが多いため、時の経過による変化についての知識が乏しくなります。そのような場合、他者の気持ちや表情について説明し、知識として獲得できるように支援をします。

トレーニング一覧

⑱ 時の経過による変化をイメージする力を伸ばす	
支援者シート（26 枚）	**こどもようシート（26 枚）**
（1）〜（5） 生活のできごと 例題／問題 1 〜 9	（1）〜（5） せいかつのできごと れいだい／もんだい 1 〜 9
（6）〜（8） 感情の変化：うれしい 問題 10 〜 14	（6）〜（8） かんじょうのへんか：うれしい もんだい 10 〜 14
（9）〜（12） 感情の変化：悲しい 問題 15 〜 22	（9）〜（12） かんじょうのへんか：かなしい もんだい 15 〜 22
（13）〜（14） 感情の変化：怒る 問題 23 〜 25	（13）〜（14） かんじょうのへんか：おこる もんだい 23 〜 25
（15）〜（16） 感情の変化：恥ずかしい 問題 26 〜 29	（15）〜（16） かんじょうのへんか：はずかしい もんだい 26 〜 29
（17）〜（21） ものの変化：位置の移動 問題 30 〜 39	（17）〜（21） もののへんか：いちのいどう もんだい 30 〜 39
（22）〜（26） ものの変化：もの自身の変化 問題 40 〜 49	（22）〜（26） もののへんか：ものじしんのへんか もんだい 40 〜 49

Q1 ワーキングメモリはトレーニングによって伸びますか？

　ワーキングメモリはトレーニングによって伸びるのではないか、というのはだれでも考えることです。そのような質問はよく受けますし、実際、世界中の研究者がそのように考え、ワーキングメモリのトレーニングの効果に関する研究が何千と行われています。

　10ページの「ワーキングメモリ・アセスメント」で紹介したようなワーキングメモリの課題を子どものレベルに合わせ一定期間繰り返し行い、その効果を調べる研究がなされています。その結果、トレーニングした課題自体の成績はたしかに向上します。しかし、国語や算数などの学習成績や知能は必ずしも上がるわけではありません。例えて言うと、将棋の練習を毎日行うと、将棋は強くなりますが、同時に、学校のテストの成績も上がるわけではないということです。つまり、見かけ上の「ワーキングメモリ」のテストの成績は上がりますが、国語や算数などの学習を支える本来のワーキングメモリの力は必ずしも伸びません。どのような課題でトレーニングするかが重要です。国語や算数に関連した課題を含めてワーキングメモリをトレーニングすることが大切です。

Q2 ワーキングメモリが年齢とともに伸びるのはなぜですか？

　ワーキングメモリは、とくに、小学校・中学校の時期の伸びが著しいことがわかっています。子どもが覚えながら、考えることのできる情報の量は、成長によって増えていきます。その背景となる要因はさまざまですが、小学校・中学校を通して、子どもは学校や家庭で、1日の多くの時間、勉強して過ごしているからです。勉強することで、子どもは、多くの知識を獲得します。音声情報や視空間情報による知識、情報の処理速度や記憶の量が増加していきます。こうしたことが、ワーキングメモリ容量の増加として表れ、ますます知識の増加が促されます。学習とワーキングメモリ容量の増加という、ポジティブな相互作用が生じるのです。

Q3 ワーキングメモリの個人差はどうして生じるのでしょうか

　ワーキングメモリ容量は大きくなっていきますが、発達には個人差があります。個人差が生じるのは、遺伝の影響が約 50％、残りの約 50％ は、環境的な要因によると考えられます。

　Q2 で、ワーキングメモリの発達には、主に知識の増加が背景にあると説明しました。家庭環境や個人の特性によって、よりたくさんの時間、効率的に勉強する子どもとそうでない子どもがいます。当然ながら、よりたくさんの時間、効率的に勉強すれば、知識が増加し、ワーキングメモリの働きが促され、それによって知識の増加が促されるというポジティブなサイクルが生まれます。逆に、勉強がうまくできないと、知識が少なく、ワーキングメモリの働きが阻害され、発達が遅れるという負のスパイラルに陥ります。発達障害などの特性が原因で、負のスパイラルに陥ると、そこから脱出するには、特別な支援が必要となります。

Q4 発達や学習に遅れが見られるとき、ワーキングメモリを伸ばすとどんな効果がありますか？

　ワーキングメモリは、学校での勉強や宿題をきちんとすることで、小学校、中学校の学年が上がるにつれて、伸びていきます。しかし、個人差や発達障害などの個人の特性があるため、もともとワーキングメモリの発達の遅い子どもは、負のスパイラルに陥り、その後、学習に遅れが生じる可能性が高くなります。それを未然に防ぎ、また負のスパイラルから脱するために、国語や算数などの学習の基盤としての知識の獲得を支援し、ワーキングメモリの発達を促すことが必要です。そのため、言語、文字、数量に関する基本的な情報を記憶したり、処理したりするトレーニングを行います。国語や算数とは関係のない情報に基づいて、記憶や処理のトレーニングをしても、国語や算数の学習の向上につながりません。

　本書は、ワーキングメモリに弱さがあり、学習上の問題を抱えている子どもたちが、ワーキングメモリの働きを支えるような知識を長期記憶に蓄え、「脳の黒板」から情報を消えにくくすることをねらいとしています。本書の「言語編」で音声情報（言葉）の記憶と処理のトレーニングを行うことで、言語的知識の獲得を促し、「視空間編」で視空間情報の記憶と処理のトレーニングを行うことで、文字や数量などの知識の獲得を促します。

参考文献・情報

『ワーキングメモリと特別な支援：一人ひとりの学習のニーズに応える』
　　湯澤美紀・河村暁・湯澤正通（編著）北大路書房（2013 年）

『ワーキングメモリと教育』
　　湯澤正通・湯澤美紀（編著）北大路書房（2014 年）

『ワーキングメモリと日常：人生を切り拓く新しい知性』
　　T.P. アロウェイ・R.G. アロウェイ（編著）湯澤正通・湯澤美紀（監訳）北大路書房
　　（2015 年）

『ワーキングメモリを生かす効果的な学習支援：学習困難な子どもの指導方法がわかる！』
　　湯澤正通・湯澤美紀（著）学研プラス（2017 年）

『知的発達の理論と支援：ワーキングメモリと教育支援』
　　湯澤正通（編著）金子書房（2018 年）

『ワーキングメモリに配慮した「読み」「書き」「算数」支援教材』
　　湯澤正通（著）明治図書出版（2022 年）

「一般社団法人ワーキングメモリ教育推進協会」　https://www.ewmo.or.jp/

「アセスメントシステム HUCRoW（フクロウ）」　https://www.ewmo.or.jp/hucrow/

本書のワークシート作成に関わった広島大学心理学教室湯澤研究室・科研（17H02635、21K03001）研究メンバー（アルファベット順）

小池 薫、藍予秀、李丹丹、則武良英、小田真実、畝なつ実、山上紗奈栄

【著者紹介】

湯澤正通（ゆざわ・まさみち）

広島大学大学院人間社会科学研究科教授、特別支援教育士スーパーバイザー。
東京大学文学部心理学科卒業。ワーキングメモリの小さい子どもの特徴を捉え、
ワーキングメモリ理論に基づいた教育支援やアセスメントの研究啓発に長年努
める。ワーキングメモリの特性がわかるアセスメントシステム「HUCRoW」を
開発。
『知的発達の理論と支援：ワーキングメモリと教育支援』（2018 年、金子書房）、
『ワーキングメモリを生かす効果的な学習支援：学習困難な子どもの指導方法が
わかる！』（共著、2017 年、学研プラス）、『ワーキングメモリに配慮した「読み」
「書き」「算数」支援教材』（2022 年、明治図書出版）など著書多数。

装丁・本文デザイン　後藤葉子（森デザイン室）
イラスト　おのみさ
組版　Shima.

ワーキングメモリがぐんぐんのびるワークシート
──学習の基礎をつくる記憶機能トレーニング

2023 年 3 月 30 日　　第 1 刷発行
2024 年 4 月　5 日　　第 3 刷発行

著　　　者　湯澤正通
発　行　者　坂上美樹
発　行　所　合同出版株式会社
　　　　　　東京都小金井市関野町 1-6-10
　　　　　　郵便番号　184-0001
　　　　　　電話　042（401）2930
　　　　　　振替　00180-9-65422
　　　　　　ホームページ　https://www.godo-shuppan.co.jp/
印刷・製本　株式会社シナノ